U0620702

工科教师的结构

——以中美研究型大学为例

The Structure of Engineering Faculty:
Case Study of the Research Universities
in China and USA

雷　环　王孙禺　著

社会科学文献出版社
SOCIAL SCIENCES ACADEMIC PRESS (CHINA)

摘　要

　　工程教育是高等教育的重要组成部分，对实现我国建设创新型国家的战略目标有重大意义。未来中国工程教育发展的重点将是提高工程教育的质量，而提高工科教师的水平是其中的关键因素之一。

　　本书综合运用教育学和组织管理的相关理论，研究教师队伍的质化和量化结构，提出优化教师队伍结构的建议。

　　本书首先从大学组织文化的视角分析了工程教育、研究型大学以及高等教育体系在长期的发展过程中积淀的文化特性及其在工科教师队伍中的体现，这种文化背景的分析分为三个方面：工程教育的历史发展、当前工程教育的改革趋势和研究型大学工程教育的特点，分别从学科文化、教育体系文化和院校文化三个层次分析工科教师的质化结构要素。在这三方面的基础上，总结了研究型大学工程教育对工科教师的要求，归纳出工科教师的知识、能力和素质框架。

　　本书用大量的实证数据，描述了中美两国研究型大学工科院系教师队伍的生师比、年龄、学历、学缘、学衔和工程实践经验等方面的量化结构，并以清华大学和麻省理工学院的工科院系为主要案例，通过对比总结了中国研究型大学工科教师队伍的结构特点和问题：数量略显不足；队伍年轻化，科研生产力强，但学术领导力不足；博士学位获得者比例较高；从本校获得最高学位的比例普遍较高；高学衔教师人数偏少，整体学术水平不足；工程实践经历比较丰富，并且以研究型岗位为主。本书对这些特征产生的原因及其对工科教师队伍的质量影响从组织文化的角度进行了分析。

最后，针对教师队伍结构中的问题，提出优化中国研究型大学工科教师队伍结构的建议：适当增加教师的数量；提升教师队伍的学术领导力；在确保教学科研质量的前提下，鼓励教师参与科技成果转化和创业活动；建设一批高水平的研究型大学，构建良好互动的学术交流圈；在教育管理中引入教师发展的理念，全面提升工科教师队伍水平。

目　　录

第一章
绪 论

第一节 工科教师与工程教育改革

一 21世纪的工程教育改革

随着经济全球一体化进程的加快，工程科技领域越来越成为各国综合国力竞争的主战场，也是全世界应对21世纪人类社会所共同面临的能源、安全、健康等生存问题的核心。应对竞争和挑战，在很大程度上依赖于创新型工程科技人才的培养和发展，这使工程教育在各国的高等教育体系中具有非常特殊的地位，不仅因为各国对工程科技人才的大量需求使工程教育在数量上一直保持较大的规模，工程教育的质量也深受关注，一直都是各国高等教育改革的重点领域。

工程科技领域对中国来说，是实现新世纪之初所提出的"走中国特色自主创新之路、建设创新型国家"战略目标的关键。中国要提高自主创新能力，转变经济增长方式，推进产业结构的优化升级，走新型工业化道路，根本在于提高工程科技的发展水平，需要高水平的工程教育为国家建设输送更多具有创新能力的工程科技人才。中国已经是一个工程教育大国，拥有世界上规模最大的高等工程教育体系，工科门类各专业的招生数、在校生数和毕业生数都超过了全国普通高等教育总人数的 1/3。未来中国工程教育发展的重点将是提高工程教育的质量，将大国的优势转化为强国的力量。

在过去的几年中，包括中国在内的各国政府机构、高校、专业协会和商业组织都纷纷开展研究，指出工程教育中的问题，提出快速变革的21 世纪对工程实践、工程研究以及工程教学模式的需求。其核心问题就是当代社会究竟需要什么样的工程师，工程教育应该培养什么样的人。虽然每个国家处在不同的发展阶段，对工程人才的结构、层次和水平需求并不完全一致，但在当前工程教育的主要问题和 21 世纪工程科技人才的基本素养上却达成了很多的共识。例如，各国工程教育普遍存在的设计和实践训练不足、工科专业课程体系陈旧、工科学生综合能力欠缺等，只是在程度上略有不同。21 世纪的工程教育应该培养学生拥有数学和科学能力，具有判断力、对商业和创新有浓厚兴趣、理解文化、善于沟通；具有激情，拥有终身学习能力、系统思考能力、创新能力、在跨文化的环境中工作、理解工程的商业背景、跨学科技能、沟通技能、领导能力和不断变革的能力。为了培养这样的工程人才，工程教育需要进行全方位的改革。这项改革将涉及所有与工程教育相关的方方面面，例如，教学方法、培养模式、教育资源、设备空间、校企合作，甚至教育管理体制，但其中很多问题都与教师有着直接或间接的关系。

"教育大计，教师为本。有好的教师，才有好的教育"（《国家中长期教育改革和发展规划纲要（2010~2020 年）》，2010）。高校教师不仅本身作为一支高层次高水平的人才队伍，是高等教育中最重要的人力资源和知识创新的主力军；也是创造整个社会人力资本的主要力量，是培养"规模宏大、结构优化、布局合理、素质优良的人才队伍"（中华人民共和国中央人民政府，2010a）的核心力量。教师历来都是高等教育改革的核心要素（李志峰等，2008），甚至被视为"学校与教学革新的心脏，它能最大限度地重建和振兴一个国家的教育希望"（乔连全等，2007）。教师与工程教育的各个教学环节密切相关，其水平直接决定了工程教育的质量，也是推行工程教育改革的核心资源。以教师为主体开展的研究活动是国家工程科学技术和经济发展的重要保证。通过社会服务，教师还对工程科技领域的发展做出积极的贡献。因此，提高工程教育的质量，关键在于提高工科教师的水平。

工科的教师队伍既然扮演了如此重要的角色，他们是否具备足够的能力担此重任呢？认真审视国内外的工程教育，工科教师队伍都存在种种问题，例如：工科教师数量不足；不重视教学；工科教师普遍缺乏工程实践经历等（吴启迪，2008；National Academy of Sciences，2005）。众多的研究也表明，工科教师队伍的水平已经成为制约工程教育发展的重要因素之一。

因此，各国的工程教育改革都将工科教师队伍建设作为重点之一。《国家中长期教育改革和发展规划纲要》将加强教师队伍建设，提高教师整体素质作为教育改革的重要保障措施；教育部最近启动的"卓越工程师教育培养计划"提出建设高水平工程型师资队伍，通过改革聘任、考核与培训制度，鼓励高校引进具有实践经验的工科教师，以弥补工程教育的实践性不足；美国《2020工程师》的研究报告认为，工程教育迫切需要出现能够更加有效地弥补工程实践的应用与工程教育之间越来越大的裂缝的新一代教师。为此，大学应该为教师的资格认证、教师的聘请和职业期望制定新的标准，例如要求具有实践工程师的经验，并且应该创建或者修改培养计划，来支持工程教师的专业发展（National Academy of Sciences，2005）。卡内基促进教学基金会在其"职业准备计划（Preparation for the Professions Program）"中，将评估工科教师的职业准备程度作为计划的一个重要部分（Sheppard，2005）。

由于工程教育的庞大规模和重要地位，各国的工程教育改革，包括工科教师的改革都不可能采取全国统一的模式，不同类型和层次的学校在工程教育改革中有着不同的目标和重点。研究型大学是高等教育体系中层次最高的部分，这里汇集了全世界顶尖的学者，源源不断地提供知识和技术的创新，并培养出大量的高水平人才，在发挥高等教育教学、科研和社会服务三大职能中起着领头羊的作用。研究型大学的工程教育也相应在培养高层次创新型工程科技人才、探索工程科技领域的前沿知识和服务国家重大工程科技领域方面有着无法替代的作用。因此，研究型大学的发展近年来一直是高等教育研究的焦点领域。研究者和实践者一方面关注研究型大学的特殊性，探索高水平大学发展的独特模式；另一方面，也希望总结研究型大学的成功经验中具有普适性意义的方面，因为虽然研究型大学在各国都是少数，但研究型大学所呈现出的现状和问题，在一定程度上是高等教育的缩影，具有典型性，其推行的改革也往往成为高等教育改革的榜样，引领教育发展。在工程教育领域，也是如此。笔者在长期参与工程教育的研究中也发现，当前很多工程教育的研究都缺乏对不同层次和类型的学校的深入挖掘，往往以全国的工程教育整体为对象，提出的问题和建议都缺乏针对性，在数据资料方面也不够丰富。

美国的高等教育在世界范围内有很大的影响力，以其高质量和多元化的特点成为研究的焦点和热点。美国的工程教育也在长期的发展中形成了自己独特的模式，对各国的高等工程教育都产生了深远的影响。中国的高等教育和工程教育在改革开放以来大量参考了美国的模式，借鉴了美国的经验。在学习和借鉴的过程中，详细了解美国模式产生的背景及其特点是非常必要的。在长期参与工程教育的研究过程中，笔者有机会参与国内外各种工程教育的研讨会，了解到现在国内外研究的现状，也从中发现了一些对中美两国工程教育实践的误区。因此有意通过进一步的深入研究，以科学的理论和方法，深入了解中美两国工程教育领域的相关问题。清华大学和麻省理工学院分别是中美两国顶尖的研究型大学，并且以工科见长，在学校的文化和工程教育文化方面有很多相似之处。本研究希望以清华大学和麻省理工学院为案例和出发点，深入研究中美研究型大学工程教育中的教师队伍问题。

二　工程教育改革的焦点

工程教育、教师队伍建设和研究型大学这三个方面都是当今教育研究的热点，各自都有很多的研究主题。而这三个方面的交点聚焦成为本书研究的范围。

全球化的工程教育改革是大的背景。在各国的改革中，以成果为导向的工程教育成为一种发展趋势。美国在 1995 年推出了工程教育认证的新标准 Engineering Criteria 2000（简称 EC2000）。这套标准最突出的特点就是关注学生学到了什么，而不是像之前的教育理念注重教师教了什么或者学校提供了什么。因为后者强调教育的投入，但并不一定能确保高质量的教育产出。EC2000 的实施，不仅转变了美国各高校工程教育的模式，也在很大程度上影响了其他国家的工程教育。很多国家都纷纷效仿，推出了类似的教育认证标准，并通过互认协议将这种模式上升为一种国际共识。中国从 21 世纪初开始构建的工程教育认证体系也采纳了这个理念，并通过教育认证的形式引导高校的工程教育实践。虽然以学生为中心或以成果为导向的教育理念并不是完美的教育模式，但对于实践性很强的工程教育来说起到了积极的作用。工程教育的主要目标是为社会培养合格的工程科技人才，这必须与科技发展的水平和社会建设的需求保持同步。因此，很多国家都从国际国内的工程实践需求出发制定工科学生的培养标准，也就是工程教育的核心目标，再以这些标准来认真审视工程教育过程中的各个环节如何为这个目标服务。

在工程教育的各个环节中，已有很多研究对教学方法、教学空间和设备、校企合作等问题进行了深入的探讨，但对这种工程教育所需的教师队伍研究却不多。这正是本研究的一个出发点，在以成果为导向的工程教育改革中，为了培养出符合工程科技实践和社会需求的学生，需要一支什么样的工科教师队伍？

研究型大学是对研究层次的限定。正如上文所述，研究型大学在各国高等教育体系中占据了特殊而又重要的地位，既有自身的独特性，又能体现高等教育的一些典型问题。在各国的工程教育改革中，提高教学质量是所有大学共同的目标，这主要是与大学传播知识的职能相关。对教师来说，改革的阻力主要在教学本身和教师水平的提升。而研究型大学在科研和社会服务中所承担的特殊角色，决定了工程教育改革在研究型大学中的复杂性，教学与科研之间原本就存在着张力，在现有的教师评价体系引导下，教学对教师的吸引力本身就不足，改革对教学要求的提高能否调动教师的积极性？通识课程的增加，压缩了现行的以科学为主体的课程内容，教师如何把理论和实践结合起来，使工程教育培养出更优质的毕业生？研究型大学注重科研，对教师学历要求很高。当研究型大学工科教师的博士比例越来越高时，有工程实践背景的教师却越来越少，这显然对培养有较强实践能力的毕业生的目标是个不利的因素。近年来，研究型大学中又出现了一种新型的大学模式——创业型大学（Etzkowitz，1983）。在知识经济时代，知识与经济回报产生了密切的联系。当这种模式造就了一批世界顶尖的大学，特别是一些工程院校，使他们获得巨大的发展动力和成就时，学术机构与公司的界限逐渐变得模糊（埃兹科维茨，1999），教师的工作量也同时大大增加。学校和教师通过创业密切了与工业界的联系，但却削弱了在教学上的投入，也使科研的独立性受到影响，引发了很多关于教师伦理道德的讨论。如何平衡这三者的关系，使教师队伍能够更好地承担起大学的使命？

中国的现代高等工程教育在一个多世纪的发展历程中，学习过日本、德国、苏联等不同国家的教育模式，而在改革开放以后，受美国的影响很大。美国大学的发展对高等教育职能的扩展起到了关键的作用，密切了大学与社会的关系，这对工程教育的发展是至关重要的，一方面通过社会服务，美国的一些以农业、工程为特色的大学逐渐发展成为世界一流的研究型大学；另一方面，大学与社会过于密切的关系，包括新近兴起的创业型大学，也在一定程度上引发了工程教育中的一些问题和矛盾。这些问题和矛盾在中国借鉴美国高等教育模式的过程中，也给中国的工程教育发展带来了争议。但从整体上来看，美国研究型大学的工程教育在培养高水平工程科技人才方面走在世界前列，有很多方面值得中国借鉴。值得一提的是，中国庞大的工程教育规模和独特的社会发展阶段和工业化水平，决定了美国模式并不能解决中国所有的问题。将中美两国的工科教师队伍进行比较也并非希望找到完美的发展模式和绝对的标准，而是将教师队伍的发展与两国的大学文化结合起来，主要讨论中美研究型大学的工科教师队伍在长期发展中的文化特性，分析两国在教师队伍建设中的问题及其根本原因，以期为高水平工程教育和工程科技人才的培养提出更有针对性、更符合中国发展需要的建议。

因此，本书将重点关注以下一些问题：研究型大学的工程教育需要什么样的工程教师队伍？工科教师队伍需要具备哪些特点才能满足研究型大学工程教育发展的要求？这些特点体现在教师队伍的哪些结构要素中？中美研究型大学的工科教师队伍的现状如何？其中存在哪些问题？其根源是什么？可以通过哪些途径改善这些问题？美国的经验可以给中国工程教育发展提供哪些借鉴？

工科教师只是工程教育若干环节中的一个，工科教师队伍的问题会涉及整个工程教育，甚至高等教育的改革，本书也希望以小见大，以教师队伍建设为切入点，讨论工程教育整体改革中的相关问题。

第二节　基本概念

一　工程教育 （Engineering Education）

工程教育是一种以技术科学为主要学科基础、培养工程技术人才的专门教育（张维等，2003）。在我国，工程教育主要涉及中等教育和高等教育两个层次。前者主要是中等职业学校；后者由高等职业学校和普通高等学校以及部分研究机构提供。本书所研究的工程教育主要是指高等工程教育，尤其是本科以上层次的普通高校的工科教育。

世界各国最早的手工作坊里"师傅带徒弟式（apprenticeship）"的技能传授，可以算作工程教育的雏形。师徒式的教学方法遵循了实践在工程教育中占有重要地位的规律，能够很好地将各行业的技能和经验传承下去。工业革命的兴起促成了早期工程教育的发展，社会对工程技术人才的大量需求使各国都建立了很多各层次的工科学校，系统化地传授工程科学知识和技能。1775 年成立于法国的国立路桥学校（Ecole nationale des ponts et chausses）被认为是世界上第一所正式的工程学校（Grayson，1993）。工程教育的发展与各国工业化发展阶段密切相关，其规模、层次和结构在很大程度上取决于工业发展的水平（张维等，2003）。工业革命以后，工程技术对人类产生了巨大的影响，工程教育得到了很大的发展，工程技术教育逐渐以一种独立的高等教育学科出现在各主要工业国家。

社会的工业化水平直接影响了工程教育，也就决定了工科教师的特点，不同的工程教育水平对工科教师的要求会有所不同，比如在工程教育发展初期，教师的实践经验最重要，因为培养的学生基本都直接进入实际工作；当工程学科逐渐完善，有了自己的理论和方法之后，工程教育中研究的比例上升了，培养目标既包括工程师，也有研发人员。因此要求教师的研究能力达到一定的水平。在中美两国的工业化进程和工程教育发展水平的背景下，工科教师队伍呈现出不同的结构特点和问题。

二 研究型大学（Research Universities）

研究型大学通常是指"在科学和艺术领域有广泛的知识和研究，并有优秀的本科生、研究生教育专业的大学"（Collins，2003）。研究型大学的诞生可以追溯到 19 世纪初成立的柏林大学，它将研究与教学结合起来，丰富了大学的职能。而半个多世纪之后，美国霍普金斯大学的建立标志着现代意义上的研究型大学的诞生。之后，美国和欧洲的研究型大学蓬勃发展，在社会发展、经济建设、科教进步和文化繁荣中发挥了重要作用（王战军，2003）。

在研究型大学发展的同时，对研究型大学的研究也层出不穷。对于什么是研究型大学，美国卡内基教学促进基金会（以下简称卡内基基金会）的研究走在了前列。该机构从 1973 年开始对美国高等教育机构进行分类，后来又历经多次修订，提出了比较全面和系统的用量化的手段对高等学校进行分类的方法，被广泛应用于高等教育的政策制定和学术研究。卡内基基金会于 2010 年对分类方法进行了最新的一次修订。之前被称为研究 I 型、研究 II 型、博士 I 型、博士 II 型以及博士研究型大学按照更综合的标准纳入博士学位授予型大学的类别中，再根据学校研究活动的活跃程度分为三类：研究活动高度活跃的研究型大学（Research Universities with very high research activity，RU/VH）、研究活跃的研究型大学（Research Universities with high research activity，RU/H）和博士授予研究型大学（Doctoral/Research Universities，DTU）（The Carnegie Foundation for the Advancement of Teaching，2006），2010 年版本又按照学科进行了细分。本书不深究几次修订标准所使用的不同名称和次级分类，但总的来说，研究型大学强调大学的研究职能，能够授予某一个学科的最高学位。

虽然卡内基基金会的分类主要是针对美国的高校，但对世界范围内的研究型大学研究产生了重要的影响，各国也纷纷推出自己的分类标准。中国也有很多学者对大学分类进行讨论，并提出了不同的分类法。其中涉及研究型大学的包括：潘懋元（2003）根据人才培养类型和层次提出的综合型研究型大学；"中国大学评价"课题组武书连按照大学排行榜中学校的科研成绩得分高低划定一定比例的大学为研究型大学（武书连，2002）；马陆亭（2005）提出以"985"项目大学及有权授予博士学位大学为研究型大学的基本标准等。

本书所提到的研究型大学是指在工程科学领域开展高水平研究、有卓越的本科生教育和研究生教育（尤其是博士生教育）的大学。美国的研究型大学主要参考卡内基基金会 2010 版分类标准中的"博士学位授予型大学"，中国的研究型大学主要是进入"985 工程"和"211 工程"的大学。在案例部分，本研究主要选择了中国的清华大学和美国的麻省理工学院。这两所大学分别都是中美高水平大学中工程科学领域领先的学校，并且有比较相似的发展特色。

三 教师（Teachers）和大学教师（Faculties）

在中文里，教育体系中各个阶段从事教学工作的个人都被称为教师，这是一个覆盖面非常广的概念。我们通常在"教师"前面加上教育体系的不同阶段作为定语来指代某一个层次的教师，例如幼儿教师、中小学教师或者大学教师。不管在哪个教育阶段从事教学工作，教师都具备许多共同的特点。教师作为一种职业，承担了特殊的社会职能，而履行这种职能，需要足够的技能。这些技能，和其他任何职业的技能一样，需要接受一个长期的训练和实践。

而在英文里，大学教师有一个特定的词语：Faculty。Faculty 是一个集合名词，是指"（大学的系、科、院的）全体教员"（霍恩比，1997），这与大学的学科和专业结构特点密切相关，有的学校将院系也直接称为 faculty。目前世界各国的高等教育基本都按照学科和专业类型设置院系，而大学教师的存在就是以这些学科和专业为基础的。每个教师有各自所擅长的领域，从而构成一个完整的学科方向。每个学科，乃至大学的教学科研水平在很大程度上依赖于教师队伍的水平。因此，本书在研究工科教师队伍的相关问题时，也将大学教师队伍作为一个组织，借助组织理论对其外部环境和内部结构进行分析。

此外，faculty 的词根是 fac，意思是"做，创造"，强调了大学教师的创造性和能动性，这是由大学的基本职能所决定的。大学创造和传播知识、开展科学研究和服务社会的职能主要是大学的教师通过教学和科研工作完成的，这构成了大学教师的主要职责及其工作特点："传授高深的文化科学知识和技能，经常注意本专业本学科最新成就与发展趋势，把教学、科研与社会服务结合起来，不断提高教学质量和科学研究水平以及社会服务效果，以较高的学术水平影响学生，并在促进社会进步方面起良好的作用"（潘懋元，1996）。

本研究中的大学教师，是指中美两国大学的专任教师，主要从事教学和科研的教师，不包括工程实验系列和其他专业技术人员，虽然其中部分人也参与部分教学或科研的工作；也不包括专职的行政人员（或称教育职员）。有些专任教师会兼任行政职务，但其主要工作仍是教学和科研，所以仍然属于专任教师系列。

按照惯例，大学专任教师按照学衔主要可以分为教授、副教授、助理教授（讲师）等级别。中美的称谓虽然基本一致，但在内涵上有很大的不同。"教授"在中国是自汉朝以来就开始使用的学官名称，一直沿用到清朝。这虽然也是对太学和其他学校里面的教师的称谓，但其本质是一种官职，是中国古代文化"学而仕"思想的体现。而到了清末新学兴起，大学设正、副教员；1912 年以后大学设教授和助教授（中华民国临时政府教育部，1912）；1917 年改为正教授、教授和助教授三种类别。1927 年的《大学教员资格条例》，又规定大学教员分教授、副教授、讲师、助教四级（中华国民政府教育行政委员会，1927）。这些称谓大多学自西方，开始与英美文化中的"教授"有了类似的含义。在英美文化中，professor 一词源自拉丁文，最早出现在 18 世纪初，是指在某一个艺术或科学领域的专家，是教师中最高的级别。

中华人民共和国成立后，教授、副教授、讲师、助教四级的称谓沿用下来，但在中国特殊的人事制度之下，大学教师根据专业技术职务分为高级、中级和初级三等（中华人民共和国国务院，1986）。高级职称包括教授、研究员和副教授、副研究员（后两者一般称为副高级职称）；中级职称包括讲师、助理研究员；初级职称包括助教。其他类别的教师没有职称。由于职称与工资待遇及社会福利等个人收入甚至社会地位密切相关，所以同时扮演了学术鉴定分级和资源配置的功能，涵盖了专业技术资格与专业技术职务双重含义。"教授"系列的称号并不完全反映学术水平和学术地位，而且有严格的数量限制，是否能当上教授取决于能否评上职称。1986 年，高校开始实行教师职务聘任制度，此后虽然进行了数次改革，并有相关法律颁布，但"重评审轻聘任的身份管理并没有得到实质性改变"（叶芬梅，2009），职称所代表的专业技术资格和教授所代表的专业技术职务或岗位并没有从本质上区分开。有关中国高等教育的统计数据中，有不同的统计口径，例如 2001 年以前教育部是按照"教授—副教授—讲师"的口径统计普通高校的专任教师数量，之后改为"正高级—副高级—中级职称"的统计口径，这就为本研究带来很多困难。为了便于历史的比较和中外的比较，本研究统一使用专任教师的职称数据，上述两种不同的口径视为统计对象一致因而具有一致性。但在叙述中，使用"教授—副教授—讲师—助教"的岗位名称。

美国的专任教师主要包括不同级别的教授（Professor）和研究员（researcher）以及全职的讲师（lecturer/instructor）。教授序列中的教授和副教授一般都是终身制（tenured）或者已经进入终身制轨道（tenure-track），助理教授基本没有进入终身制轨道，其他教学人员与研究人员也不在终身制轨道之列，既有兼职也有全职人员。在本书中，美国高校工科教师队伍主要针对全职的教师。

为了方便表述，表1-1列举了中美工程教育专业中所包含的教师类别。[①] 本书所指的"教师队伍"主要是指阴影部分的类别，其他类别作为教师队伍的补充，有专门文字涉及。

表 1 - 1 　中美工科教师类别对照

	中国		美国	
全职	教授、研究员		Professor（教授）	Scientist（科学家）Researcher（研究员）Engineer（工程师）
	副教授、副研究员	高级工程师高级实验师	Associate Professor（副教授）	
	讲师、助理研究员	工程师	Assistant Professor（助理教授）	
	助教、教员			
兼职	客座教授讲座教授		Lecturer（讲师）Senior Lecturer（高级讲师）Instructor（教员）	Adjunct Professor（兼职教授）Visiting Professor（访问教授）

----

① 　研究型大学一般没有助教和教员的类别，因此不纳入其中。

第三节　组织结构的视角

近年来，关于大学教师的研究并不鲜见。这些研究从学科上来看，可以归纳为两个视角：教育学和管理学。因为无论从教育学还是管理学来看，教师都有其重要的意义。一方面，大学教师是高等教育的基本要素之一，因而在高等教育的研究中，教师是一个不可回避的话题，这一类的研究主要关注教师在大学中的角色和作用，对教师作为教学者、研究者、导师、管理者等不同的角色进行讨论。另一方面，从管理的角度看，教师是大学重要的人力资本。随着管理学研究的发展，大学作为一种典型的组织机构，关于大学教师的聘任、职称、评价激励、素质建设、队伍建设等方面都有许多研究涉及，研究的视角集中在人力资本管理、制度设计等方面。

另外，在其他关于高等教育的大量研究中，教师并不是直接的研究对象，但与研究问题密切相关，是间接的研究对象。例如教学方法的改革就涉及了作为教学者的教师的教学理念和实践；高校的科研产出研究实际上在很大程度上可以认为是关于作为研究者的大学教师的产出研究。

由于本研究将主要从教师的结构入手，分析工程教育发展对工科教师的需求，并且重点关注研究型大学的工科教师队伍，因此对大学教师的研究综述将分别从教师结构、研究型大学的教师和工科教师三方面进行。

一　大学教师结构

刘诚芳（2007）从人力资源管理理论的角度讨论了高校教师队伍建设的问题，详细而全面地对高校教师队伍建设的概念以及规划、评审、聘任、评价、收入分配、继续教育等流程做了教科书似的介绍。作者认为高校教师队伍的结构是指"教师队伍中教师本身条件要素的构成比例及其相互联系，如教师的职务、年龄、学历、专业等要素的构成比例，以及教师的素质及其相互之间的关系等"。构成高校教师队伍结构的要素可以分为潜结构要素和显结构要素，前者包括教师的政治、专业、创新、心理等素质；后者包括职务、年龄、学历、专业、学缘等。四川大学李天富的硕士学位论文《研究型大学师资队伍建设探讨》搜集了国内部分研究型大学教师队伍的职称、学历、学缘和年龄结构的数据，对当前中国研究型大学的教师队伍做了简要分析。但该文仅对结构进行了描述，并没有对结构中体现出的问题做出解释，其分析的对象也是一所学校甚至多所学校的整体情况。

刘诚芳将教师的素质纳入结构要素中的观点体现了教师作为大学重要的人力资源的意义，相对于其他关于教师结构的研究只关注所谓显结构要素更加全面地体现了教师构成对高等教育的意义，把属于教师个体层面的能力素质上升到了集体层面，这也是本书的研究视角之一。但该作者在后文对这些潜结构素质的叙述中，并没有很好地体现这种集体性，或者说仍然停留在个体意义上的素质要求。笔者认为，结构对于一个集体之所以重要，是其能够通过不同个体的组合达到集体效能的最大化。例如，在刘诚芳所提到的显性因素中，教师队伍必须包含不同职称、不同年龄段以及不同专业背景的个体，这样的集体才能够满足高等教育学科发展的各种需要。但师德、政治素质、身体素质、智力素质等因素是每个教师所必须具备的，对集体中的每个成员都应该做硬性的要求，不适合纳入集体结构要素中。

而某些能力素质则可以通过集体的互补来实现，并不一定要求每个教师必须具备。例如，对研究型大学的工程教育来讲，教师队伍中并非每个个体都有工程实践背景，聘请企业工程师作为兼职教师或者部分具有工程背景的教师是各工科专业普遍的做法。腾祥东等人的研究在这一点上有所突破。该文研究了应用型大学教师队伍的结构模式，提出了大学教师队伍的"一般性结构元"和"特殊性结构元"的二元结构组成，前者主要指学历、职称、年龄、学科、学缘等传统意义上的结构要素，后者包括经历结构（入校前有行业企业经历的教师比例）、应用能力结构（有专业实践能力的教师比例）和组成结构（来自于行业企业的兼职教师比例）。作者提出了各种结构的教师所占比例的队伍结构模式，例如橄榄型的老中青相结合的梯队、入校前具有行业企业经历的教师占新任专业教师的 50%、实践教学教师应全部具备应用能力等（腾祥东等，2009），强调了专业实践能力对应用型大学教师队伍的重要意义。虽然特殊性结构元的三种结构要素有互相重叠的部分，分类并不十分科学，但这些能力素质确实具有结构性的意义。该研究的另一个不足是作者并没有说明上述各要素的比例是如何得到的，读者仅能凭经验推测其合理性。本书将通过各研究型大学工科院系的实证数据，来讨论工科教师队伍的结构问题。

二 研究型大学的教师

优秀的教师是美国研究型大学发展的一个十分重要的因素（王英杰，1993）。谷贤林对美国研究型大学中教授的权力进行了分析，探讨了美国研究型大学的教授参与大学管理的组织形式、行使权力的方式和特点，以及教授参与大学管理的合理性及其对大学的影响进行了深入的讨论（谷贤林，2007）。

王怀宇（2008）在《教授群体与研究型大学》中对教授队伍与研究型大学的关系的相关研究进行了综述，从教授对研究型大学的作用以及研究型大学对教授发展的作用两方面进行了梳理。他的研究对象——研究型大学的教授群体，是指在研究型大学中获得教授和副教授职称的大学教师，在对研究型大学的产生与发展历程的基础上，讨论了教授群体对研究型大学的重要意义，并通过调研访谈的资料分析了 10 所中国的研究型大学教授群体的发展现状及主要问题，从制度上分析了中国大学教授"集群化"产生的根本原因及影响教授群体发展的因素。该研究以研究型大学为背景，以教授整体作为研究对象，讨论教师队伍与大学发展的关系，这与本研究有相似之处。但教授和副教授只是大学教师队伍的一个部分，在中国的很多学校里，甚至只是很小的部分。大量没有获得"教授"或"副教授"学衔的年轻教师也是研究型大学工程教育的主力军，他们的发展也将极大地影响未来工程教育的质量。同时，年轻教师的生存压力和职业发展前景是当前高等教育中很大的一个问题。

类似的以教授为研究对象的论文和著作还有许多，例如眭依凡《论培养"教授"》、胡银根《论大学教授的主要特征》、刘剑虹《论大学教授的教学》、徐涌金等《论大学教授与学术活动》等以及对国外终身制大学教授制度的研究。但本书关注的教师队伍不仅包括教授，还包括中国的高校中其他职称系列的大学教师，以及美国的大学中没有进入终身制的大学教师。在美国的研究型大学中，这类教师的人数相对较少，但是对大学发展，特别是在工程教育中有特殊的意义。此外，本研究集中关注工科的教师，比普遍意义上的研究型大学更具体，也会呈现工程教育的特殊性。

无论中美，由于研究型大学在研究上的特殊优势和成就，教学的地位长久以来都是学术界讨论的焦点。

在关于教师管理的各种研究中，教师评价是一个起到纽带作用的研究领域，在很大程度上决定了教师队伍的结构以及教师的晋升、薪酬和继续教育等问题，因而受到特别的关注。教师评价的目标、方法和标准是学术单位的办学目标和学术价值的体现，对教师的工作有决定性的引导作用。教师评价的结果往往影响教师的聘任、晋升和获奖，甚至整个学术单位的经费获得。随着教育评价理论的发展，对教师的评价经历了从奖惩性评价到发展性评价的转变，因此教师评价的结果也被用于提高教师的水平和教师队伍的建设。

国外学者对教师评价的研究由来已久。泰勒（Ralph W. Taylor）的8年研究奠定了现代教育评价的理论基础，提出了多样的评价内容和方法，美国的高校逐渐形成了学生评价、教师自评和同行评议的方法相结合的评估方法。《大学教师工作评估》（森特拉，1992）通过大量的调查和案例，分析了美国的大学对如何评估教师的教学、科研和社会服务，为各学校制定自己的评估方案提供了参考和依据。作者的问卷调查显示，在实际的评估中，教师的教学和科研评估方法的手段都比较完善，比较少的大学会关注教师的社会服务并有实际的评价方法。

虽然这本书出版的时间较早，所采用的数据和方法大多是 20 世纪 70 年代的，但对今天的教师评价仍然有参考的价值。它有大量的案例和评价量表，可以作为一本较好的参考工具书。而观察美国当代大学的教师评估实践，在基本的方法和特点上并无太大的不同。该研究还对不同类型的大学（主要是研究型大学、有博士授予权的大学和综合大学三类）进行了分类研究，各种评价指标在不同类型的大学所表现出的重要性不同。作者在 1993 年又出版了专著继续讨论教师评价问题，该书结合高等教育的发展对教师评价的作用和不同评价方法的历史、目的和意义做了进一步的讨论（Centra，1993），与 20 多年前的不同在于，教师评价更关注其对教师个体发展的作用，也符合教师评价理论发展趋势的。

国内学者对教师评价的关注在 2000 年后有了大幅度的增加，主要集中在教师考核评价制度、理论、指标体系、评价方法和评价系统等方面。

李金春的博士论文提出制度占有和制度共建两种评价模式，他认为大学教师评价制度的制定和实行不仅应促进大学组织的发展，而且还要通过评价活动促进大学教师的发展。作者分析了现有的制度占有模式产生的根源及问题，从大学教师的角色特征和工作特点出发他认为应该让大学教师充分参与教师评价制度的制定，并重视非文本性的大学教师评价制度（李金春，2008）。

周春燕的研究对教师绩效评价的复杂性进行了分析，在评价的对象、内容、目的、方法、指标体系等方面都多种多样。作者提出对高校教师的绩效评价应该在将教师作为"社会人"，而不是"经济人"的前提下进行，这样能够将教师传承文明与教书育人的重要性体现出来。孟祥林也从制度经济学的视角研究了考核制度与考核结果的关系，认为前者是产生效率的基础。

在中美的高校中，课堂教学、出版物质量和个人资历（学位情况和专业经历）都是评估教师的关键因素。虽然教学和科研在各类学校都被作为教师评价的重要方面，但在实际操作中，研究能力往往是最受关注且影响最突出的评价指标，特别是管理者在对晋升和长期聘任做决策时，科研项目和出版物变成了决定晋升的首要因素，学术成就高于任何标准。"大学为了获得全国性的声誉，将会更多地注意学术活动和出版物，教学质量日益成为晋升职务的必要条件，而不是充分条件。"（森特拉，1992）。博耶（Boyer，1990）针对这一问题，提出了"教学学术"（Scholarship of Teaching）的概念，指出大学教学体现了学术活动的基本特点，具有研究性、创造性和可交流性等特征，为教师评价提供了一个新维度。钟晓东等（2004）提出了中国高校教师所面临任务的不对称性，高校在考核评价教学上存在很大的问题，同时又过分强化科研任务。姜娟芳（2007）认为目前我国大学教师评价的问题在于评价实践偏离了"学术性"，没有成为促进实现大学学术目标的有效手段。作者从学术本质的角度，讨论了教学在学术中的重要地位，研究型大学应该重视教学，而且教师的评价也应该反映这个特点，并且用多样化的评价方法取代现在量化的方法。左文龙（2007）认为当前的教师评价机制已经成为影响科技创新的重要因素。主要表现在：只看重科研成果数量而不重视其质量和科学意义，只看重成果产出速度而不遵循科学研究的规律；只看重应用研究而忽视基础研究；只看重科研成果而不重视成果转化。构建教师评价体系应坚持以人为本、可比性、学科性、科学性、简便性的原则。

彼得（Seldin，1984）的研究指出虽然大多数大学都声称学校按照研究、教学和服务三个方面对教师进行评价，但在实际的激励体系或者回报体系中，研究和论文发表是最重要的方面。

在中国，由于学位制度建立较晚，20 世纪大学的教师队伍中，博士学位获得者比例不高（而美国的研究型大学基本接近 100%），很多研究者认为应该提高教师的学历层次。进入 21 世纪，随着博士毕业生的增多，教师学历层次的提高已经并不困难，研究型大学新入职的教师基本都有博士学位，而评价体系中，科研成果的比重也很大。教学水平如何体现？

本书虽然没有独立的章节对教师评价进行讨论，但教师评价的标准却是作为一种潜在的"价值观"影响着本书的观点。事实上，研究型大学的工科教师不仅存在着教学和科研的矛盾，还有理论与实践的选择。虽然工程教育的实践者和研究者都对工科教师应具备一定的工程实践经历达成共识，这是工程教育的特殊性所决定的，但在实际的评价过程中，工程实践能力同样被忽视了。

三 工科教师素质

我国的工科教师缺乏实践训练是几乎所有关于工程教育和工科教师的研究所指出的共同问题。

中国工程院早在 1996 年组织数十位院士和专家开展了"工程教育改革与发展战略的研究"，在对大量政府部门、企业、院校和研究所的调研基础上，分析了我国工程教育的问题及其原因，其中，"教师队伍建设是院校工程教育改革成败的重要因素之一"，课题组提出要优化教师结构，鼓励有实践经验和学术水平的工程师到学校兼职任教，同时鼓励工科教师到企业兼职，建立工科教师接受工程实践锻炼的制度（朱高峰，1998）。刘继荣等人（1997）也是较早关注工科教师的研究者之一，他们认为工程素质是工科教师应当具备的一个特殊素质要求，这个素质包括工程意识、工程背景、工程综合能力和工程教育方法。近年来，我国高校工科师资队伍正面临工程素质良好的老教师陆续退休、工程素质弱的青年教师比重增大的现状，在教师的学历年龄结构改善的同时，教师队伍的工程素质下滑严重。作者还比较了美国和德国两种工程教育模式对教师工程素质的不同要求，中国虽然不可能达到德国对专职教师的工程经验严格要求的条件，也没有美国庞大的企业教育培训系统，但对工科教师的工程经历几乎没有机制上的保证，在很大程度上影响了中国工程教育的质量。作者还针对这一问题提出了一些政策上的建议。

进入 21 世纪，又有很多专家学者讨论了这个问题。例如，卿德藩等（2003）认为中国的高等工程教育忽视工程实践中的理论应用，"工程化"弱化的问题严重，而主要的原因之一就是教师缺乏实践训练。工科教师应到企业从事科技服务或者兼职来提高"工程化"水平。赵韩强等（2006）提出了与刘继荣几乎相同的工科教师工程素质的概念，为了增强教师的工程意识，应让他们深入工程训练，积极与企业共同开展科研。2006 年，面向创新型国家的工程教育改革研究课题组对中国工程院院士、高校教师和企业工程技术人员进行了大面积的问卷调查，90% 的受调查者认为影响工程教育质量和发展的一个重要因素是缺乏具有工程实践背景的师资队伍（陈劲等，2006）。中国工程院院士潘云鹤（2007）也指出当前中国工程教育工科教师队伍的非工化趋向严重，工程设计和实践教育严重缺失。陈彬等（2008）将工科教师缺乏工程实践背景的现象称为工科师资队伍的非工化趋向。作者提出"双师型"教师的概念，通过合理的教师招聘、培养和评价体系，扭转教师非工化的趋势。

工科教师队伍工程实践能力不强的原因很多，归纳起来主要有：中国的高等工程教育培养模式使教师从学生时代起就缺乏工程实践训练；高校工科教师的招聘标准以及评价体系重科研轻实践；工科教师培养的近亲繁殖严重，学缘结构单一；教师培养方法落后，缺乏完善的在职培训体系和教师培养鉴定制度；师资管理行政化。

从这些研究来看，10 多年以来，工科教师缺乏工程实践背景的观点得到了广泛的认同，虽然不同的学者提出了很多新的概念和说法，但在本质上并没有太大的区别。有一些研究专门研究了改变这一状况的方法，例如丁三青、张阳（2007）提出的国家、高校与社会三位一体的工程教育教师培养体系，从各个层面为工科教师的培养创造制度和实践的环境。工科教师的基本特点应当是"双师型"，现场做项目和课题的时间应占工程教育的相当大的比例。毛成等（2010）借鉴组织承诺的理论，在大量的实践经验基础上，分析了学校如何通过建立教师与学校的联系，使年轻的工科教师实现对学校的感情、理想、条件、经济和责任承诺，从而积极投入教学和科研工作。

另外一些研究者则从教师的基本素质出发，提出工科教师的素质模型，其核心仍然是强调加强工科教师的实践能力。例如，张光明（2002）认为工科教师应该具备良好的思想道德素质、较高的科学文化素质、较强的工程素质、全面的能力素质和健康的身心素质。腾祥东等（2009）详细论述了工科教师的工程实践能力，指出工科教师应熟悉生产一线或工作现场，掌握成熟技术和管理规范，具备处理现场复杂问题的操作技能，具有较强的技术开发和技术创新能力；具备良好的职业修养。

按照这些研究的观点，当前的工程教育实践仍然没有太大的改变，教师问题仍然在制约工程教育质量的提高。近日，教育部发起了"卓越工程师教育培养计划"，提出工科教师是能否培养出合格工程人才的关键，要引进有丰富工程经历的教师，聘请高水平工程专家到学校兼职任教；调整工程教育教师的评聘和考核办法；制定政策让教师定期到企业参与工程实践（陈希，2010）。

综观上述的研究，观点和内容往往大同小异，研究者的呼声很高，学校和教育主管部门也认识到问题的严重性，然而在实践中推行起来的困难却相当大，这其中有中国高等教育的机制体制问题，也有企业与大学合作的动力问题，还有社会环境的问题。这些问题固然是不可能在很短的时间内得到解决，甚至不是工程教育改革能够解决的，但从工程教育内部来看，问题长期不能解决的关键也在于研究者和实践者没有把问题具体化，或提出可以具体操作的政策，只是单纯呼吁加强工科教师的实践水平。但工科教师究竟需要什么样的实践背景，研究型大学的工科教师需要多少实践背景，这些问题并没有得到很好的研究。

中国大学的定位趋同，在培养层次上都争相往研究型人才看齐，既不符合中国现阶段社会的需求和大学的实际能力，也不利于工程教育的长期发展。"卓越工程师计划"已经提出了分层次培养工程科技人才的理念，但尚未有具体的操作方案出台，研究领域的理论探索也还在进行之中。

值得一提的是，1992 年，吴松元（1992）针对高校工科教师从学校到学校的状况，提出建立专门的高等工科学校教师培养机构和"局部师范教育"的理念，在国内重点工科大学设立高等师范学院（部），为各工科学校培养专业技术和教学能力合格的教师。从今天看来，当年的这个研究也和其他类似研究一样只停留在纸上的讨论，甚至比其他研究所提出的建议更难变成实际的政策加以实施，但笔者认为，这个研究提出了两个很好的点，一是专门的工科教师培养机构，二是教师发展的理念。这两点在之后国内的研究中，特别是关于工程教育的研究中，已经很少再有人提到，但国外在 10 多年以后把前者率先变成了现实，而对后者的研究也非常丰富。

关于专门的工科教师培养机构，2004 年，美国普度大学成立了全世界第一个工程教育系，虽然这个系是在有 50 年传统的新生工程教育专业的基础上建立的，其主要使命也是培养高素质的综合型工程毕业生，但它也同时肩负起开展工程教育研究和培养工科教师的使命。紧接着，弗吉尼亚理工大学和辛辛那提大学也建立起工程教育系。2009 年 10 月，华东理工大学成立全国首个工程教育系，将工科教师培养作为其主要任务之一。关于国内外新出现的工程教育系的研究还非常少，其短暂的历史也尚不足以提供更多实践的成果，但这却在培养新型工科教师师资上发出一个重要的信号。

除了注重教师的培养，教师入职后的发展也是提高教师质量的一个重要手段。教师发展在 20 世纪 60 年代作为高等教育领域的一项重要运动兴起（Menges et al，1988），最初的主要目标是提高教师在专业领域

的知识水平。大学建立了很多制度来保障这个目标的实现，比如学术休
假、鼓励和支持已有教师完成更高的学位、参加学术会议、开展研究
等。70 年代，教师发展项目着重提高教师的教学水平，各高校建立了
新的教师发展和教学训练项目，制定了很多促进教学的政策（Toombs，
1983）。到了 80 年代，美国出现了许多校级的教师发展项目，核心问题
是优化课程的设计，通过课程内容和质量的提高来实现教师的改变
（Gaff et al，1994）。为此，很多学校建立了教学发展中心，让教师通过
集体学习和讨论，了解课程发展的趋势和相关问题，制定统一的教学目
标和课程框架。在工程教育领域，研究者对工科教师最为关注的也是教
学水平的提升。美国很多工程学会和大学的工科院系都有各自的教师发
展项目，以研讨会、工作坊、模拟教学等形式来提高教师在教学、课程
设计和学生评价方面的水平（Womack，1994）。芬克（Fink，2005）等
人借鉴"职业实践周期"的概念，指出工科教师教学能力的提升与工
程实践的周期有相似之处，教师不断地发现教育问题、寻找解决办法，
丰富教学经验。此外，教师必须具备专业知识、教育知识和专业教育的
知识，才能成为熟练的教学者。

　　对提升教师教学能力和教师发展研究的另一个特点是按照教师的年
龄阶段和职业发展阶段分段研究。鲍德温和布莱克本（Baldwin and
Blackburn，1981）研究了教师职业的发展过程。布鲁克斯和格尔曼
（Brookes and German，1983）讨论了教师职业的阶段理论。此外还有富
勒（Fuller）的教师关注阶段论、卡茨（Katz）的教师发展时期论、伯
登（Burden）等人的教师发展阶段论、费斯勒（Fessler）的教师生涯循
环论以及斯蒂芬（Steffy）的教师生涯发展模式（杨秀玉，1999）。研究
者总结了处于不同发展阶段的教师的特点和需求，提出不同的发展模
式。例如，在工科院系，希望成为工科教师的博士生在学生时代就开始
接受专业的教学训练（Reis，1997）；给新任教师配备教学导师，设立
专门的教师发展活动；与有经验的教师探讨如何平衡教学和研究的关
系。（Wanket，1999）

美国高等工程教育的研究很重视细节。相对于我国的研究者偏向于关注宏观的、政策性的问题，美国的研究者的切入点往往非常细致，例如一门课程、一个专业、一种教学方法。除了研究者习惯和范式的区别，一个重要的原因在于美国的工程教育体系已经有比较成熟的制度解决宏观的问题，比如上文所提到的"引进有丰富工程经历的教师""聘请高水平工程专家到学校兼职任教"等，兼职教师在美国是普遍存在的，据预测，美国全国约有40%的大学教师是兼职的（Leatherman，1998）。工科兼职教师中有相当一部分来自工业界，他们在交流表达能力、了解客户需求和工业界环境、开展合作教育、为学生提供就业信息等方面发挥了重要作用（Gosink，2000），美国的大学除了有畅通的渠道聘请工业界的高水平工程师到学校执教，还针对工程师缺乏教学经历的问题设计了特殊的评价和培训方法。

虽然在制度设计上美国的工程教育比中国要完善一些，特别是关于校企合作、学生教师的实践等方面已经发展出一条颇具特色的道路，但是中美在高等工程教育，甚至整个高等教育领域，也面对很多相似的问题。针对工科教师，最突出的问题就是研究和教学的平衡，美国的工程教育在二战之后出现了严重的科学化倾向，研究成果和研究水平成为教师评价的核心，因此引导工科教师在研究上投入了大量的时间，在一定程度上影响了教学。虽然各种关于大学理念的讨论层出不穷，管理者和教育者也都从观念上认可教学和科研的同等重要性，甚至认为教学比科研更为重要，但在研究型大学，实际却并非完全如此。研究型大学与创业型大学的兴起和繁荣使这一问题在工程教育中更加突出。因此，很多学者讨论了工科教师如何处理教学与科研的关系。

亚伦（Hoback，1999）等人将土木系的工科教师进行了分层次的研究，除了参考卡内基基金会的大学分类标准，作者还引入了研究生与教师的比例这个参数，将博士研究生与教师的比值大于1.5的院系称为研究型院系，比值在0.5～1.5之间的称为博士教学型院系，博士生师比小于0.5而硕士生师比大于1的是综合型院系，硕士生师比低于1的是本科教学型院系。作者通过调查问卷，研究了不同类型的工科院系对教师的学历、研究经费、文章发表、教学水平、社会服务、参与企业资讯和团队合作能力等的重视程度。该研究以实证的数据说明了不同类型的院系在自身定位和目标上的区别，从而影响了教师评价和晋升的标准。研究的结论与那些以所有工科院系为对象的研究有一些相反的结论，例如美国土木工程学会的研究认为所有的学校都高度重视教学（ASCE，1998），而亚伦的研究结论则说明博士教学型的院系更加重视研究，因为其培养目标不在工程实践者，而是未来的研究者或大学教师。这个研究的分类方法给本研究以工科院系为基本分析单位提供了参考。本研究将分别分析本、硕、博三个层次的生师比，研究生师结构与教师队伍质量的关系。

中国在改革开放以后大量借鉴美国高等教育的发展模式，也产生了类似的问题，上文已有所涉及，此处不再赘述。从以上综述可以看出，在研究型大学、工程教育和大学教师三类研究的交集部分仍然有很大的空白，本书将从研究型大学工科教师的结构这个角度入手，探讨教师结构所反映出的教师队伍建设和管理的问题。研究型大学是层次上的定位，大部分关于工程教育和大学教师的研究都是针对整个高等教育的，是一种普适性的视角，对我国高等教育体系的整体发展有积极的作用，但同时也忽视了每一类大学的特点。研究型大学的工程教育和工科教师队伍应该有其特殊的发展目标、结构和问题。分层次与促特色也是当今高等教育改革的重要思想。工程教育是学科上的定位，关于工程教育的重要性和特殊性已经有很多研究讨论过，世界各国庞大的工程教育规模和经济发展方式也将这个学科推到了一个核心位置。大学教师的结构和队伍建设是研究问题的核心。笔者希望能够以小见大，把大学教师放在研究型大学和工程教育的大背景下展开研究。

第四节 理论研究的探讨

从国内外工程教育研究的现状来看，国外的研究者多是从事一线教学的教师，研究方法以案例和数据分析为主，研究对象比较具体细致。同时，另外一些专业的研究人员将工程教育领域的实践进行系统化与抽象化，提出一些具有影响力的理论，例如"以项目/问题为基础的学习法""以成果为导向的教育理念"、CDIO（构思—设计—实现—运作，Conceive-Design-Implement-Operate，简称 CDIO）工程教育模式等。也有一些大型的研究机构从宏观上分析工程教育的现状和未来发展，提出了工程教育的新理念。国内的工程教育研究整体上来讲还比较零散，尚未引起足够重视。研究者既有一线教师，也有教育管理背景的学者和管理者，前者对工程教育的实践非常了解，但是缺乏理论指导；后者的研究则往往是宏观的分析和理想化的设计，二者之间的交流不足，不能发挥出各自的优势。应该说国内的工程教育在长期实践中有很多先进的理念和做法，但是缺乏理论化和系统化的过程，因而一直没有比较突出的工程教育理论。本书将综合运用组织管理、人力资源管理和教育学的相关理论，结合工程教育的特点，对研究型大学工科教师队伍的结构做深入分析，对教师队伍建设提出有益的建议。

一 组织系统

本研究将教师队伍作为一个组织的概念，研究的基本单位不是教师个体，而是一个工科专业（大多数时候表现为工科系）所有教师的整体特点，突出教师队伍的集体效应。在工程教育发展的初期，学徒制的模式使教育在很大程度上依赖于一个教师的水平。但在当今社会分工明确和知识专业化的背景下，任何一个教师个体都不可能具备工程教育所需的所有能力和素质，单枪匹马就能够培养出合格的工程科技人才。而教师队伍作为一个组织群体，可以通过个体间取长补短而形成整体优势，达到组织的目标。所以在教师队伍建设的过程中，需要通过汇集和整合多元化的教师个体，使教师队伍整体能够达到理想的状态。从系统理论的角度来看，这就是组成系统的要素与系统整体的关系，要发挥整体大于部分之和的优势，使有限的人力资源形成最佳的综合效果（张德，2007）。

二 高等教育学

组织中个体与群体之间的互补主要包括知识互补、能力互补、年龄互补和关系互补等，体现在高等教育组织中，就是需要教师队伍有合理的结构。

从高等教育学的角度看，高校教师队伍结构一般是指这支队伍在政治思想水平、学术水平、专长、学历、经历、年龄等方面的构成状态。教师队伍的结构在一定程度上反映了这支队伍的质量和适于承担的任务。教师队伍的合理程度对学校的教育能力和水平具有重要的影响，因此是分析教师队伍质量和水平的主要方法，也是当今对大学教师队伍的研究所普遍采用的分析框架。在一定政治思想素质下，教师队伍的质量主要与教师的学衔结构、学历结构、年龄结构、专业结构、性别结构、民族结构、家庭背景结构、工资结构、经历结构、任务分工结构等有关，其中，最重要的是前四种结构（潘懋元，1984）。

这个框架中的各种结构要素主要是可以量化的结构，是教师队伍质量的外在表现，能够直接体现教师队伍的水平。同时，教师队伍还具备一些不能量化但具有实质意义的质化结构要素，是教师队伍质量的内在表现。结合本研究的需要，笔者在高等教育学理论的基础上，把教师队伍的结构分为两个层面：质化结构和量化结构。

对教师队伍的质化结构已经有大量国内外学者关注，从哲学、心理学、教育学和人力资源管理等方面对教师应该是什么样的个体进行了讨论，相关理论大致可以分为以下几类（见表 1－2）。进入 21 世纪后，各国普遍对教师的素质结构提出了更高的要求，例如有较高的学历水平、广博精深的科学文化素质、全面创新的能力素质和整体素质上的"全能型"（于海洪，2010），也有学者对教师的专业结构和能力结构进行了划分和研究。本研究综合了众多学者的划分依据，主要从知识、能力和素质三个方面讨论教师的素质结构，通过对研究型大学工程教育的发展历史和趋势研究，归纳出工科教师队伍应该具备的知识能力和素质结构。

　　根据本研究的需要和工程教育的特点，在上文提到的学衔结构、学历结构、年龄结构和专业结构的基础上，本研究提出教师队伍的量化结构框架，主要包括：学衔结构、学历结构、年龄结构、学缘结构、生师比和工程实践经历结构。

表 1 - 2　教师素质结构理论概述

理论名称	教师素质结构
二分法	知识 道德平行
三分法	教育理念 知识结构 能力结构
四分法	观念结构素质 知识结构素质 能力结构素质 身心结构素质
五分法	业务素质 政治思想素质和心理素质 科学文化素质 身体素质 教育理论素质
立体素质结构	知识：事实知识、经验知识 技能：心智技能、信息技能、行动技能、社会技能 个人品质：心理特征、价值观、个性特点、精神品质

资料来源：于海洪、李昌满主编《教师科学文化素养》，北京师范大学出版社，2010，第3~4页。

　　由于本书主要研究工程教育，学科对象明确，虽然从研究的结果中可以看出，每个工科专业之间也存在较大的区别，但是对同一个工科专业来讲，教师的专业背景比较趋同，而且本书并不打算对具体专业的内部学科方向进行研究，因此去掉了专业结构的指标。学缘结构是近年来颇受关注的一个指标，而且被认为是影响中国高校教师队伍质量的重要因素。国外大学在避免近亲繁殖、丰富学缘结构方面的政策给我们很多借鉴的地方。在工程教育的研究中，工科教师的学缘结构也被认为过于单一，影响了工程教育的发展和创新。生师比是许多国家和国际组织采用的一个衡量教育质量和办学效益的统计指标，是为数不多能够进行国际比较且比较容易获得的数据。虽然它不能对教学做出评价，但能够直接测量教师的教学任务，与教育质量水平有密切关系，因此本书将这个指标纳入结构要素的框架中，通过生师比研究教师的数量。最后，本书根据工程教育的特殊性，增加了工程实践经历结构的指标。工程实践是工程教育最重要的一个环节，教师和学生都应该具备一定的工程实践经历，而这一方面也恰恰是当今工程教育的教学和教师队伍最受诟病的一点。但已有的研究都以描述性的定论为主，很少有过系统的研究。

图 1-1 表示了本书所指的工科教师队伍结构的要素。

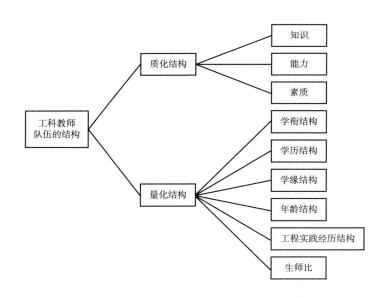

图 1-1　工科教师队伍结构要素示意图

三　组织文化

对教师队伍结构的研究，虽然已有上文所述众多的理论，但从方法上看，却没有固定的模式。本书将从组织文化的视角分析教师队伍的结构，借鉴工程教育以成果为导向的理念，从工程教育的历史发展和当前的改革趋势分析中美研究型大学的工程教育对工科教师队伍的需求，分析教师队伍的质化结构。

正如上文所述，工业化的发展程度在很大程度上决定了工程教育的规模、层次和结构，也直接决定了工科教师的特点。此外，不同历史时期、不同学校及不同专业的教师又有各自不同的特点，比如，在科技发展飞速的今天，大学教师必须有终身学习的能力，不断学习新的知识和技术，把握科学发展的前沿；研究型大学的工科教师应当具备深厚的研究基础；工程学科的应用性要求工科教师应该有较强的实践能力和经验。这些背景要素都与组织文化密切相关。

艾略特·亚奎斯在1915年首次将组织文化定义为："被全体成员不同程度认同的、习惯性和传统的思维方式和处事方法。"20世纪80年代，组织文化开始成为管理学的一个研究重点，成为解释组织，特别是企业效益和成功的重要理论。组织文化包括很多内容，比如组织的心理特点、态度、经验、信仰、价值观等。有很多学者都试图对组织文化下一个定义，甚至有一些不同的观点，但是这些学者仍然有很多关于组织文化构成要素的共识：组织文化是整体性的，由历史和社会环境决定的，虽然是柔性的，但却很难被改变（Ravasi and Scholtz，2006）。后来艾德佳·沙因提出了文化本质的概念，对于文化的构成因素进行了分析，被奉为"组织文化之父"。他认为组织文化是某一组织在尝试解决外在适应和内部整合过程中出现种种问题时，开发出的一种有效的基本模式，并被作为一种正确的方法传授给新的成员，去思考或感受与之相关的一些问题（王孙禹，2008）。

近年来，组织文化的重要性为人们所熟知，基于组织文化对企业发展重要性的成功启示，教育界开始借鉴组织文化的研究视角来认识大学文化建设。无论是理论研究者、大学管理者，还是政府决策者都开始关注同样作为组织的大学，思考该如何去认识其文化内涵的形成和影响。大学文化特性最鲜明的一点是与知识或学问直接相关，大学本身就是由生产知识的群体构成的学术组织。伯顿·克拉克认为大学的这种文化特性是由学科、院校及其国家学术系统的文化逐级形成的。他从组织的角度出发，分析了大学所特有的文化内涵。根据各自产生影响的领域不同，他将大学文化分为学科文化、院校文化和整个高等教育系统文化等不同的层次，各层次文化在高等教育系统中有着不同的特征，并发挥着不同的作用（克拉克，1994）。

教师是大学组织的主体，正是知识生产和传播的群体，充分体现了高等教育组织的文化特性。大学文化在教师身上具体表现为教师的价值观、能力、素质、态度、行为等方面（王孙禺，2008）。因此，本书借鉴大学文化的框架，分析经过长时间发展，工程教育和研究型大学有什么样的文化特性，这些文化特性如何体现在教师的质化结构上。笔者将通过三个层次来探讨研究型大学工程教育的文化及其对教师队伍的要求。

第一，学科层次。大学的学术活动是围绕学科来进行的。各门学科都有其独特的知识范畴和行为准则，并在此基础上形成了学术的共同体，维系着该学科内的教师、学者和专家，使他们也具备了特殊的文化个性。因此，由于工程学科有其自身的特点，工科教师队伍也具备了与其他学科教师不同的地方。本书将从工程教育的发展历程中探索工程教育的独特文化以及在这种文化背景中形成的教师队伍特性。

第二，院校层次。大学教师反映了其对大学教育的基本认识，对学生的基本信念，对教师责任的定位。不同类型和层次的院校有其不同的目标和定位，具有鲜明的个性，是大学发展的动力之源。本书研究的是研究型大学的工程教育。研究型大学在知识生产和传播中的特殊地位，使研究型大学的教师也具有了不同的使命和任务。研究型大学的发展对我国也有非常特殊的意义。从 20 世纪 90 年代开始，我国相继开始实施"211 工程"和"985 工程"，建设世界一流大学和重点学科，取得了很大的成绩，不仅缩小了我国高等教育与世界高水平高等教育的差距，也为国内其他大学的改革探索出适合中国特点的道路。但我们也很清楚地看到，即使这些在国内最顶尖的大学，在工程教育方面也存在诸多问题，有中国特殊的问题，也有和世界一流大学相同的问题。研究型大学的工程教育与其他学校的工程教育有什么不同？对教师有哪些特殊的要求？这是本书分析教师的质化结构的第二部分。

第三，高等教育系统的层次。高等教育系统的文化主要表现为四种信念：入学信念、专业信念、就业信念和研究信念（克拉克，1994），每一种信念即是一个国家高等教育的价值选择，这些信念构成了教师队伍特点形成的大背景。例如，美国的高等教育已经步入普及阶段，而我国高等教育正在实现由精英型向大众型的转变。这无疑会使两国高校的校园文化呈现不同的特点，因而也对教师的要求有所不同，以满足高等教育体系的需要。本书将结合两国高等教育体系发展的不同特点，分析教师队伍在面对新世纪的挑战中应该具备的质化结构。

在第二至四章中，本研究将以上述三个层次作为框架，从工程教育发展的历史、当代工程教育的发展以及研究型大学工程教育的特殊性三个方面，分别对应工程教育的学科文化、高等教育系统的文化和研究型大学的院校文化，来总结归纳工科教师队伍的质化结构。这些结构要素深刻根植于工程教育的组织文化中，形成了对研究型大学的工科教师队伍独特的需求。

从第五章开始，本研究运用这个组织文化的层次分析中美两国教师队伍的量化结构特点。除了在结构上按照高等教育系统——学科（工科）——院校（研究型大学）的层次进行逐一的剖析，对每一个结构特点还从组织文化的基本概念进行了讨论，分析每一个结构要素的背后所体现出来的教师队伍的文化特征。这种特征是工程教育或者高等教育或者研究型大学长时间发展积累的结果，在一定程度上决定了教师队伍的结构特点。

第五节　研究方法的运用

本研究将主要采用定性研究的方法，并通过文献和实际调研获得研究的主要资料。

一　文本分析法

工科发展的历史和现状部分将主要参考中美工程教育的各种研究报

告。美国的工程教育研究历史已久，笔者收集到美国近百年来工程教育的重要研究报告。这些报告既有微观层面对具体问题的探讨，也有宏观层面对整个工程教育的总结和展望。通过对这些报告的分析，可以清晰地看到美国工程教育发展的特点和不同历史时期的重要问题，这是本书研究工科教师队伍的重要背景和基础。中国近年来对工程教育的研究也逐渐加强，国内众多高校的教育研究机构都开始关注这个领域。国内研究的一个特点是比较宏观，讨论中国工程教育的重要性和发展方向，这也为本研究提供了一个大的背景。本研究将在这样的背景下深入关注教师队伍的问题，探索在不同的背景和历史环境下，工程教育对教师有什么样的需求，这些需求体现在教师队伍的结构上有什么表现。

在实证和案例研究部分，本书将借助两国教育管理部门或其他机构公布的统计数据。由于统计数据在不同的历史时期和不同的地区会出现不同的统计口径，本书在使用这些数据时会有详细的说明，在分析问题时也尽可能减少数据差异的影响。案例中关于美国麻省理工学院和中国清华大学的数据，主要来自两校各自的统计年鉴和相关研究。对麻省理工学院的分析，还参考了由清华大学教育研究院翻译的《麻省理工学院校长报告 1929~2005》，以及未翻译的 2004~2005 年度和 2005~2006 年度的校长报告（以下简称《校长报告》）。《校长报告》是麻省理工学院校长每年向董事会呈交的工作报告，对该年学校发展政策和发展情况做了全面的回顾，其内容还涉及美国社会、政治、经济、国家教育政策等方面的问题，内容丰富，从一个侧面反映了美国工程教育的发展。

此外，教师队伍的质量是工程教育专业认证的一个重要方面，学校的自评报告和现场考察报告展示了各个学校在工科教师发展中的很多理念和实践。美国的工程教育认证已经开展多年，我国也进行了多年工程教育专业认证的探索工作，笔者搜集到了中美两国部分大学工科专业的自评报告，并参与了个别学校的认证考察，这些材料将成为本研究的重要基础。

二　问卷和访谈

在研究的准备阶段，笔者已经通过问卷和访谈的方式对中美两国的工科教师发展进行了初步的探索，为进一步明确本研究的内容提供了帮助。由于专门针对工科教师开展的研究并不多，所以问卷和访谈的方法将是本研究搜集一手资料的一个重要来源。本研究将通过问卷，广泛调查现阶段中国工科教师队伍的现状以及其中的问题，重点访谈部分高校的管理者，研究现阶段已有的工科教师队伍建设的政策和实践。

本研究前期的问卷共发放 50 份，对象为国内研究型大学工科院系的教师以及长期参与工程教育研究的学者，回收问卷 39 份。利用在美国访问期间，与麻省理工学院、科罗拉多州立大学、亚利桑那州立大学和海军学院等美国研究型大学工科院系的教师进行访谈和交流，了解他们对教师队伍建设的实践与思考。

在正式研究阶段，笔者还对国内部分研究型大学工科院系的 30 多位教师和管理者进行了访谈，主要是了解现阶段工科院系教师队伍的现状及问题，作为本书分析的佐证。

三　传记式研究

传记是个人的生活文献以及描述个人生活历程中转折关键期的文献，通常包括传记、信件、日记、生活史、个人经历、个人史及历史故事等（胡森，2006）。传记研究关注个人的生活经验，通常用于发展历程的研究。传记式研究方法从 20 世纪 30 年代开始被应用于社会学和人类学的研究，近年来在文学和教育学等领域也被广泛应用，成为各个学科研究的基本范式之一。在对教师的研究中，传记式研究也是一种重要的方法，特别是从 20 世纪 80 年代开始，研究者开始广泛关注教师个人在教学中的特点，从个人、情境、历史、政治、社会和经验等多个维度研究教师的教学实践（Cole，1999），另外在教师职业发展和教师知识形成等方面都有大量研究运用了这种方法（陈雨亭，2006）。

由于本书研究对象的特殊性，部分数据无法找到官方统计，笔者对学校官方网站和一些内部资料中教师的简历进行了传记式研究。首先根据本研究的需要，设计了信息采集的模板（包括每个教师的职称、学衔、年龄、学历及工作经历等），然后从教师个人的简历中采集每个教师的个人信息，建立了部分学校工科院系教师基本情况的数据库，再通过编码和统计等步骤为本研究提供第一手资料，成为教师队伍结构分析的基础。部分学校或院系的网站更新比较慢，但从统计的意义上看，这些误差对教师队伍的整体特点和趋势影响不大。

笔者通过上文所提到的资料收集方式，共采集了国内外研究型大学工科院系教师资料 1010 余份，20 余所中美研究型大学的 60 多个院系的数据，为研究提供了丰富的材料。

四 案例研究

案例研究主要针对个人、群体或现象开展研究调查，是对某一环境、一个对象、一组文献或一个具体时间的细致研究，通过对个案深入的调研，概括或预测个人、群体或现象的特征或发展趋势。案例研究是社会学研究的重要方法（Bogdan et al, 2006）。

本书主要以清华大学和麻省理工学院的工科教师队伍作为研究案例。这两所学校都是中美两国典型的研究型大学，且以工科见长，能够在很大程度上代表两国高水平工程教育的发展情况。此外，笔者在清华大学和麻省理工学院的学习经历，也使其对两校工程教育的现状有一定的了解，为本研究奠定了良好的基础。

五 比较研究

本研究以中美两国的工科教师发展为研究重点，从已有的研究看，中美关于工程教育和教师队伍的研究有很多不同之处，无论是研究方法、研究视角和研究理论都存在区别，这为比较带来一定的难度。本书将从宏观的角度入手，探索在工程教育发展阶段的背景之下，两国教师队伍结构的特点和发展规律。从某种程度上来说，美国工程教育的研究更全面，历史也较我国长很多，因此，本书也希望能够从美国的工科教师发展的研究中，总结他们的经验和教训，为我国的政策制定和实践操作提出一些有益的建议。

本书还应用了历史比较的研究方法，从中美工程教育的发展史探索不同阶段工科教师队伍的特点。更重要的是，通过历史的比较，研究工程教育的基本定位及其对教师队伍的需求，为后文的实证数据分析奠定基础。

第六节　本书的研究框架

本书共分为十章。

第一章绪论部分主要分析本研究提出的背景，阐明研究的意义，并对已有相关研究成果进行综述，进而说明研究的主要内容及主要研究方法。

第二章到第九章是本书的核心，分为三部分。

第一部分为第二章到第四章。以高等教育组织文化为框架，从工程教育发展的历史、当代工程教育的发展趋势以及研究型大学工程教育的特殊性三个层面分析工科教师队伍所应该具备的特点，构成了工科教师队伍的质化结构。

第二章以中美两国工程教育诞生初期的特点入手，归纳出影响工程教育发展的三个重要因素：工程实践、通识教育和科学研究。以不同的重心为标准对工程教育的历史进行分段研究。在每个阶段，工程教育有不同的发展特点和诉求，也就决定了不同时期工科教师队伍在人员构成和职能上的特点。随着历史的发展，工科教师队伍也不断地变得多元化，以满足工程教育不同方面的需要。

第三章以全球化经济和国家综合国力竞争的背景，分析了当代工程教育的特点以及中美两国工科教师的新变化。工程教育已经成为高等教育领域的一个重要学科，从时代背景中获得了强大的发展动力，为此，作为工程教育主体的教师也就需要具备更高的综合素质，顺应时代的变化。

第四章从研究型大学的目标和定位入手，分析研究型大学工程教育的特点。研究型大学的工程教育由于其在社会发展中的特殊地位，在实现大学教育、科研和社会服务三大职能时面临了更多的矛盾，正是这些矛盾提出了对研究型大学工科教师更高的要求。同时，在前三章的基础上，总结研究型大学工程教育对工科教师的要求，归纳出工科教师的知识、能力和素质框架。

第五章到第八章是第二部分，用中美两国部分研究型大学工科系教师队伍的数据描述了教师队伍的生师比、年龄、学历、学缘、学衔和工程实践经验等方面的量化结构。通过中美两国对比，提出了教师结构所反映出来的教师队伍的问题和不足，并综合运用教育学和教育管理的相关理论对这些问题产生的原因进行分析。

第九章是第三部分，总结了第二部分所反映出的教师结构特征及问题，提出优化我国工科教师结构的建议。

第十章是全书的总结，归纳了本书的主要观点。

全书的研究框架如图 1 - 2 所示。

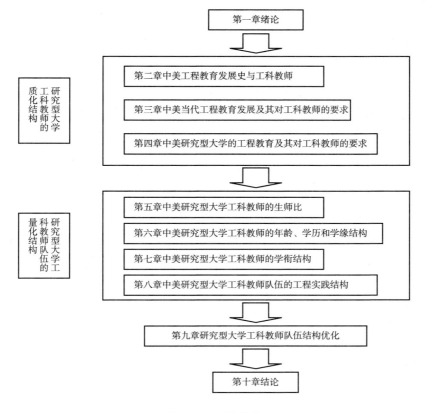

图 1 - 2 研究框架

第二章
中美工程教育的发展与工科教师

工程教育的发展与各国工业化和社会发展阶段密切相关，工业的发展水平和社会的需求在很大程度上决定了工程教育的规模、层次和结构（张维等，2003）。而不同阶段的工程教育对工科教师的能力、身份、数量等需求也有很大的不同。本章将回顾中美工程教育发展的重要历史阶段，并分析每个阶段工科教师的特点。

中美两国已经有不少学者对工程教育的历史做了梳理和研究，给本研究提供了很多珍贵的资料和视角。本章并不会单纯按照时间的顺序重新勾勒一次工程教育的历史发展，而是按照工程教育重心的转移，对其发展历史进行分段，目的是从工程教育的根本特点来审视不同阶段工科教师队伍的特点。组织理论认为，组织与其存在的环境是相互依赖的关系（斯格特，2002）。工科教师队伍与其存在的工程教育的环境也是相辅相成的，工程教育的根本特点决定了其对工科教师队伍的需求，而工科教师队伍的特点（由哪些人来担任工科教师）也在很大程度上影响了工程教育的发展方向，甚至根本性质。由于中美两国历史数据的缺失和不一致，本章将主要采用文本分析的方法。

第一节 高等工程教育的萌芽和兴起

一 萌芽时期高等工程教育的特点和定位

中美两国的高等工程教育都萌芽于追求独立的民族工业进而实现独立的进程中。18 世纪末美国为了摆脱欧洲殖民者的控制,以及 19 世纪末中国通过发展实业实现富国强兵和社会现代化的目标,为两国工程教育的兴起提供了相似的环境。虽然两国的工程教育萌芽相距近 100 年,而且美国在独立战争取得胜利之后迅速走上了工业化的道路,而清政府"师夷长技以制夷"的方法最终未能力挽狂澜,但两国萌芽期的工程教育却呈现出许多相同的特点。

首先,中美两国正式的工程教育都是从军事领域开始兴起的,然后再逐渐过渡到民用领域。因此,工程教育从诞生之日起,就与国家的命运密切相关,一方面两国都要通过工程教育实现军事技术和装备的发展以及军事实力的提高,从而能够抵御殖民压迫;另一方面,工程教育为民族经济的发展提供了技术上的支撑和人力资源,使两国从根本上强大自身的实力,实现民族独立。

在独立战争之前,北美的发展主要依赖于殖民国家,以资源获取为主的殖民统治并不需要过多的技术和教育,少数的需要也可以从殖民的母国得到。而且,此时的欧洲,虽然已经早在 1747 年就建立了世界上第一所正式的工程教育学校(Grayson,1993),但工程教育还主要集中在军用领域,来到美国参与建设的也主要是军事工程师或者工程兵。美国的工业基本上全部依赖于从宗主国进口,仅有的农业和原材料的生产也受到殖民国家的严格限制。受殖民国家的影响,美国最早的、正式的现代工程教育也主要从军事需要出发,并且有非常强烈的实用主义导向,集中在专业技术培训和简单的科学学习。独立战争期间,美国军队深刻地意识到工程技术对军事的重要影响,于 18 世纪 90 年代在哈德逊河的西点地区建立了一所军事学校,开始培养美国自己的军事工程师

（Grayson，1993）。但直到 1802 年，美国联邦陆军军官学校（The United States Military Academy），也就是常说的西点军校（West Point），才正式成立。

独立战争之后，美国对民用工程师的需求变得真实而急迫。在"争取工业独立的爱国主义精神的激励下，美国工程业（engineering）的发展正式开始了"（Mann，1918）。为了提高生产力，人们需要掌握更多的科学信息，传统的学徒式教育已经不能满足社会的需要，各地出现了很多自学小组、夜校和讲习所，以培养军事、机械、农业等技术人员为主要目的的专门技术学校应运而生。尽管这些学校或课程尚属于纯粹技术性的教育，缺乏科学和工程原理的研究，也没有正式成为高等教育中的一个独立学科，但已经是现代高等工程教育的萌芽（张维等，2003）。1819 年，西点军校早期的毕业生奥尔登·帕特里奇（Alden Partridge），离开西点在诺威奇（Norwich）建立了美国文学、科学和军事学院（American Literary，Scientific and Military Academy）。这所学校虽然仿造西点军校的模式建立，但是并不要求所有学生都穿军装或服兵役（Ellis，1911），而且已经有了民用工程教育。1824 年，史蒂夫·凡·伦斯勒（Stephen van Rensselaer）在纽约州建立了美国第一所完全民用的工程教育学校——伦斯勒学院（Rensselaer Institute）。建校后不久，土木工程就成为这所学校最主要的专业之一。在此之前建立的西点军校虽然主要是为军事服务，但也逐渐发展起民用工程专业，为美国培养经过科学训练的工程技术人才，顺应了当时社会大兴土木的需要。

鸦片战争失败后，清政府建立起制造局、船政局、枪炮局等军事企业，希望能够增强军事实力，巩固国防。但由于中国传统的教育无法培养新式企业所需的人才，这些企业也并没有掌握核心的技术。在这些企业里工作的工人主要是缺乏基础知识和技术训练的农民，他们只能从事简单而机械的工作。而技术则来自从国外聘请的技术专家和技师，他们掌握了企业的核心和命脉。大量的外国人在官办企业中垄断了技术，威胁到企业和国家的安全，所以洋务派主张引入西方的教育体系。1866 年建立的求是堂艺局（福州船政学堂）是我国近代史上最早的军事专门学校之一，也是最早的新式工科专门学校。后来，洋务派又逐渐建立了10所培养海军陆军军官、造船工程师、驾驶员、采矿工程师、测量员等军事技术人才的学堂，为中国工程教育的发展开辟了道路（王孙禺，2013）。

随着资本主义经济的发展，中国工程教育逐渐开始由以军用型工程学校为主、培养军事工业技术人才为主要目标，转向以通用型工程学校为主、为民用工业培养普通工程技术人才为目标的现代工程教育的转型，其转折点是1894年中国在甲午战争中的惨败（史贵全，2003）。洋务企业和民间资本都开始创建航运、煤矿、电信和纺织等民用企业，并开办各种层次独立的工程技术学堂，培养新式工、矿、交通等现代工业技术人才；原有的高等学堂里也出现了工科课程。1895年创立的天津中西学堂是其中最具代表性的一所，设立了土木工程、机械工程和采矿冶金三个工程专业，有学者认为这是中国高等工程本科院校的最早雏形，而专科层次的高等工程教育则可以追溯到福建船政学堂（史贵全，2003）。

其次，中美两国的工程教育在发展初期都大量移植了外国，特别是欧洲的教育模式。当两国各自处在被殖民的年代时，工业发展和技术水平都远远落后于殖民国家，依靠自身的传统学徒模式和教育体系无法孕育现代的工程教育，因此在教学设计、教师、教育管理等方面对欧洲等国有很大的依赖性。

进入19世纪，美国的工业发展迅猛，国土面积也大规模扩张。广袤的土地等待开发，大量公路、铁路和运河等基础交通设施需要修建。工业革命和领土扩张促进了科学的进步和复杂机械的不断涌现，需要人们具备更高层次的工程技术，就必须依靠系统和正式的学校教育。美国陆续出现了更多的工程学院，采用欧洲学院式的教学模式，并且授予学位。例如，1846年，本杰明·富兰克林·格林（Benjamin Franklin Greene）接任伦斯勒学院的主任，将学校改名为伦斯勒理工学院（Rensselaer Polytechnic Institute），并提出新的教育理念，按照欧洲技术院校的模式进行了重新改组，强调人文学科、数学、物理和技术知识的同步学习，工程教育要同时培养科学人才和应用人才，使其成为一所普通多科性技术学院。

鸦片战争失败以后，以洋务派为代表的一些有识之士开始关注西学，从单纯注重科学技术"格物致理"的"器"的层面逐渐发展到移植欧美的工程教育模式，很多新建的学校在学制、专业和课程设置、教学方法甚至教学资料等方面都以欧美的学校为蓝图，希望用西方的教育方法培育掌握新知识和新技能的现代化工程科技人才，从而能够真正独立地发展军事和民用企业，实现富国强兵的目标。例如天津中西学堂就在很大程度上模仿了哈佛和耶鲁的模式（史贵全，2003）。

再次，两国的工程教育都注重实践。在当时的历史背景下，两国迫切需要的是应用型工程技术人才，工程教育机构所扮演的角色是提供大量正规、系统的工程技术训练以及少量基础的科学文化知识。

1904 年，清政府颁布了《奏定学堂章程》，即"癸卯学制"，在全国推行实施。在这个教育体系中，实业教育是一个很重要的组成部分，工业学堂也在其中，其目的是"以振兴农工商各项实业，为富国裕民之本计"（舒新城，1961）。初等和中等的实业教育"以授工业所必需之知识技能，使将来实能从事工业为宗旨"（舒新城，1961），而高等工业学堂"以授高等工业之学理技术，使将来能经理公私工业事务，及各局长工师，并可充各工业学堂之教员、管理员为宗旨"（舒新城，1961）。《章程》所确立的工程教育有很强的职业教育特点，以传授技术为主，使毕业生能够进入工业行业。实现这一目标的一个重要保证是当时工厂与学校的密切联系。很多学校是"厂校一体"的办学模式（史贵全，2003），工科学生有天然的实践基地，教学过程与工厂实践密切结合，培养出来的毕业生也大多直接输送到工厂里面工作。

美国的工程教育也从英法殖民者那里继承了强烈的实践和创业传统，实用性的重要程度被放在专业训练和科学探索之上。这与当时的大学传统有很大的不同，教学是一种辅助，而不是主导，"严格来说，这些早期的工程教育是纯粹技艺性的教育，单纯传授应用知识，还缺乏科学的导入即工程技术原理的研究"（张维等，2003）。19 世纪，大部分的美国工程师都是在实践中接受培训的（Kaiser，2008）。

在这样的背景下，两国最先发展起来的工程专业都是土木、机械、冶金等，充分体现了国民经济发展的急迫需要。

最后，中美两国的工程教育在发展初期都经历了一个与传统教育融合的过程。工程教育作为一个新兴的教育领域，与传统教育体系和教育理念有很多不同之处，甚至受到传统教育的排斥，因而工程教育发展缓慢。这使得两国的工程教育从出现开始就有了特殊的定位，也决定了日后工程教育发展的目标及特色。

"癸卯学制"所确立的初、中等工程教育有很强的职业教育特点，以传授技术为主，使毕业生能够进入工业行业。而高等工程教育则和整个高等教育体系一样，强调通识教育，"端正趋向，造就通才为宗旨"，学生的学习内容广泛，毕业生除了参与实际的工程工作，还具备管理、教学、经营等综合能力。这是新式学堂的"术"融入中国注重人文知识、讲究道德修养的传统教育的"学"而产生的教育理念。在中国晚清学、术合一的知识价值观下（邓红利，2007），中国的现代高等工程教育从一开始就不是单纯的职业教育，而是以深厚的通识教育为基础的专业教育，既保证了"教化万民"，又能适应工业化对文化知识的客观需求。虽然这样的教育理念是在外敌入侵、民族危亡的背景下的一种被迫选择，但对工程教育本身来讲，却是一种幸运。"癸卯学制"使中国的高等工程教育在制度化的起步阶段就获得了正式教育的地位，得以进入综合大学（史贵全，2003），这与美国高等工程教育相比，是一个很大的优势。但是，在中国社会长期以来所形成的"学而优则仕"的官本位思想影响下，科学技术向来被视为"奇巧淫技"，实业学校虽然进入了正式教育体系，但在实践中，它所传授的技术知识并未受到人们的重视（罗茨曼，1998），工程教育的发展非常缓慢（王孙禹，2013）。

美国的工程教育在一开始却并没有得到传统大学或学院的认可（尽管这些大学已经开设有与工程相关的课程），纯科学的支持者坚信自然规律及其应用之间有很大的距离，工程学科不能和科学相提并论

（埃兹科维茨，2008），因此很多工程学院都是独立的学校。虽然 1836 年弗吉尼亚大学建立了土木工程学院，1847 年哈佛大学建立了劳伦斯科学学院，耶鲁大学建立了谢菲尔德科学学院。但这些学院在入学标准、学生地位和毕业标准方面都远低于大学传统的文理专业（Grayson，1993）。

从表面上看，出现这种结果的原因之一是这一时期的工程教育专业的教学年限一般都比较短，从一年到三年都有，与传统的四年制教育模式无法衔接。大多数学校的教学内容都集中在科学知识及其应用上，而且毕业生数量也很有限，从 19 世纪 30 年代到 60 年代的 30 多年历史里，仅有不到 300 名工程师毕业于这些工程学校（Grayson，1993），更多的人还是在实际工作中成长起来的。直到 1862 年，所有学校才全部变为四年制，有了统一的教学模式：前两年主要是基础科学的学习，后两年学习如何将这些基础科学知识应用到理论和实践问题上。但从根本上讲，工程教育是否能够被传统教育所接纳，取决于它的基本性质：如果它的定位是传授技术的职业教育，那么必然会与追求通识的精英教育存在区别，因而无法得到认可。如果工程教育能够超越单纯的工程技术，将其上升到科学原理的应用，甚至通识技能的培养上，它就能够与传统教育保持一致的目标，并极大地丰富传统教育的领域。

事实上，工程学校建立的初衷是传授科学知识及其应用，已经超越了传统的学徒式模式。我们可以对比早期的法律和医学教育，后两者采用了和学徒式紧密结合的教学方法，以实践或技术教育为主，不同于传统的大学教育，是明显的专业教育。相比而言，工程教育更偏向于知识传授的科学教育或者科学通识教育的一部分，职业化倾向并不明显。这一起源，是工程教育区别于其他专业教育的一个突出特点，也深刻地影响了工程教育的发展。直到今天，美国的法学和医学教育都主要在研究生层次，硕士以上学位才是进入律师或医生职业的基本教育要求。而工程教育从本科阶段就开始了，在很多国家获得学士学位的工科毕业生积累一段时间的实践经验，就可以获得工程师资格。从这个意义上说，工程教育并不是典型的职业教育。

由此看来，无论中国还是美国的工程教育，其根本定位都不是职业教育，这是它与技术教育区别开来的重要特点。虽然它的初衷是要为国家培养掌握熟练技术的人才，但工程教育包含了更广泛的内容，受到更多因素的影响。随着工程教育的逐渐发展，这些因素的力量逐渐显现出来，塑造了中美两国的工程教育独特的发展路径。

二 萌芽时期的工科教师

由于中国的高等工程教育在诞生初期就非常注重工程实践能力的培养，因此，各个学堂都需要工程实践经验丰富的教师，而当时的工程学校大多是由企业创办的，有天然的实习基地，企业的工程技术人员兼任实践指导教师甚至专业课的主讲教师，使工程教育与生产一线保持着密切的联系。另外，讲授理论课程的教师多是外国人，当时很少有华人教师具备丰厚的新学资本，从而能够在高校占一席之地。即使新式学堂培养出来的毕业生，沿用外国教师的课程表，也不足以承担新式教育的重任（田正平等，2006）。

"癸卯学制"所规定的教育体系中还有单独的师范教育，针对实业教育颁布了《奏定实业教员讲习所章程》，以"教成各类实业学堂……教员为宗旨；以各种实业师资不外求为成效"（舒新城，1961）。实业学堂的教员也包括参与工业教育的教师，提出了近代工程教育发展对师资的基本需求：培养自己的工科教师。该学制对各级各类学校教师的职称、职责及任职资格都有明确规定，大学堂和工业学堂的教师应受过良好的教育训练，至少要达到选科毕业水平或者为留学归国的毕业生。但当时各学校规模很小，毕业生不多，因此要从国人中挑选受过新式教育并具有一定工程知识的人非常困难，"癸卯学制"又提出可以由外国人来充当教师。因此，这一时期的高等工程教育的师资基本由科举出身的文人、早期新式学堂的毕业生以及外籍教师组成。特别是在大学堂，来自欧美的外籍教师占了相当大的比例。文人主要教授中文和伦理等通识课程，新式学堂的毕业生教授外语和物理等基础课及部分专业课，而主要的专业课程则由外籍教师讲授。随着高等工程教育的发展，从新式学堂毕业的学生以及从国外留学回国的学生留校任教的人逐渐增多（见表2-1），为高等工程教育提供了部分的师资。这些教师的成长轨迹主要是从学校到学校，所承担的工作也以理论教学为主。由于数量的稀缺，有很多教员同时担任几所学校的教职。

表 2 - 1　各种实业学堂工科教师构成表

年度	合计	外国人		留学毕业生		本国学堂毕业生		科举文人	
		人数	百分比	人数	百分比	人数	百分比	人数	百分比
1907	599	43	7.2	69	11.5	311	51.9	176	29.4
1908	1130	91	8.1	166	14.7	539	47.7	334	29.6
1909	1544	108	7.0	243	15.7	748	48.5	445	28.8

资料来源：史贵全：《中国近代高等工程教育研究》，第56~57页。此表包括初等、中等及高等实业学堂三部分教师人数总和。

　　尽管从整体上来说，这一时期的工程教育的发展进程比较缓慢，但教师的数量有了明显的增加，1907~1909年的三年之内，工科教师数量增加了近2倍，说明整个工程教育的教师数量缺口还是很大的。与美国相比，由于中国当时缺乏成熟的高等教育体系，师范教育也处在刚刚起步的阶段，初、中等新式学堂的教师尚不能自足（琚鑫圭等，1994），水平更高的大学教师更是缺乏。因而当时工科教师的水平参差不齐，教育程度大都比较低，在一定程度上影响了工程教育的质量。但同时，这又决定了工科教师来源的多元化，中西文化、传统与现代的交融和碰撞在教师中就有所体现。如上文所述，实业学堂工科教师队伍还包括了一支直接在工厂一线工作的工程师和技术人员队伍。他们继续发挥学徒制教育的优势，为工程教育注入了丰富的实践经验。

　　奥尔登·帕特里奇（Alden Partridge）毕业于西点军校，他在1806年被授予美国第一个工程师中尉，随后被任命为西点军校的教师。1813年9月，他成为西点军校的工程学教授，这是美国第一个获此头衔的人（Grayson，1993）。

1824 年夏天，植物学家阿莫斯·伊顿（Amos Eaton）到纽约州伊利运河沿岸地区开展地质学研究的同时，在附近的小镇上讲授自然科学课程。他在讲授过程中穿插了演示实验，使听众能够更清楚直观地理解和学习自然科学知识。之后，阿莫斯协助伦斯勒建立了伦斯勒学院，而之前的那些非正式的教学活动为学院的建立奠定了良好的基础。这所学院不仅培养了美国第一批经过专业科学训练的工程技术人才，而且培训了很多应用科学教师，通过讲座和其他方式，指导更多的农民和技师学习自然科学、哲学、经济、艺术、机械等知识，并在工业生产中应用。（Rezneck，1968）而他所采用的科学知识和实验相配合的教学方法直到今天仍然是工程学科的主要教学法之一。

30 多年后的 1858 年，另一名地质学家威廉·巴顿·罗杰斯（William Barton Rogers）在波士顿进行了同样的工程教育探索，他利用各种机会向工人讲授如何在工作中运用自然科学知识。他在 1861 年建立了麻省理工学院，并且招纳了 9 位对教育问题非常感兴趣的老师进入麻省理工学院早期的教学团队。

可以看出，美国早期工程教师的一个特点是教师本身多是教育者，而不是实践者，即他们本身并不是工程师，却更关心教育的问题。这与美国的工程教育在诞生时的定位密不可分。首先，学校里系统的工程教育是对传统的实践式教育的补充。工程教育的一个重要任务是普及科学知识及其在工程实践中的应用。独立战争之后，美国迅速开始工业化的进程，为工程教育的产生和发展提供了坚实的基础。工业化的过程中，大量的人力投入到工程领域的工作中，具备丰富的实践经历。而同时整个国家也深刻意识到专业化的科学和工程知识的重要性，因此对学校的工程教育产生了需求。其次，工程教育诞生时，美国已经有比较成熟的现代高等教育体系，在人文科学和自然科学领域已经向高等教育界和全社会输送了大量高水平的人才，包括大学的教师。例如，上文所提到的奥尔登·帕特里奇自身就已经接受过良好的高等教育。在有意无意中，他们将古典学院的精神带进了工程教育。

第二节　工程教育的发展重心

从诞生之日开始，工程教育的发展实际上受到了三种力量的共同作用：科学（理论）、工程（实践）和普通知识。工程教育在发展过程中，这三种力量此消彼长，构成了工程教育在不同历史阶段的重心：实践教育、科学教育和通识教育。

第一，工程教育和技术教育一样，具有很强的实践性。这也是中美工程教育从诞生初期开始就共同拥有的一个特点。实践的内容是将自然科学原理合理地应用到工业和日常生活中，解决现实的问题。

第二，工程教育具有科学性。科学的发展水平以及科学教育的水平对工程教育有很大的影响。科学的思想在欧洲已经从文艺复兴时代开始就深深地影响着人们的生活和社会发展，并且在高等教育体系中获得了很大的发展。美国的高等教育深受欧洲的影响，在工程教育开始发展之前，就有了比较好的科学基础。实地培训和理论授课的结合，"培养出既非纯理论又非纯实践的具备多种专业技能的工程师"也为日后美国"发展更注重学术与科学的工程文化奠定了基础"。（Kaiser，2008）而在中国，现代意义上的"科学"二字在中文里出现已经是 19 世纪末期的事情了，"五四运动"之后，科学的概念才开始广泛传播。科学与工程的发展几乎是同步的。缺乏科学支撑，中国在工业化道路上的征程非常艰辛，工程教育也一直缺乏科学的动力，直到 20 世纪 70 年代末才开始学习美国模式。

第三，工程教育为了获得与传统教育相同的地位，或者获得传统教育的认同，需要朝着"通识教育"的方向发展，这就决定了中美工程教育所必须具备的通识性。如果我们对比英国的工程教育，就能更清楚地看到中美两国的工程教育在融入通识教育的过程中所获得的独特动力。在英国，从工业化早期到 19 世纪下半叶，很多工程师都出身于磨坊技工、建筑手工工人或其他手工业者，社会地位一直比较低。而美国的工程教育工程师很快就进入了社会中上层，并且逐渐开始进入企业的高级职位，从事管理工作（Kaiser，2008），这很大程度上归功于美国工程教育课程体系中丰富的通识教育内容。进入21世纪以后，工程教育树立了培养综合素质较强的工程师的目标，更是向通识教育重心的转移。

但这并不意味着三种不同的方向是相互排斥的，发展某一方面就要放弃其他方面。理想的状态应该是三种力量反映出社会发展需求，形成一种平衡的状态。

在美国工程教育的发展过程中，科学、通识和实践三种因素的力量此消彼长，使美国的工程教育呈现出螺旋式发展的形式。而在中国，实践的力量一直比较强大，从工程教育诞生到改革开放以前，工程教育都是以实践为主线的。

第三节　以工程实践为重心的工程教育

实践性是工程教育的最重要特点。以工程实践为重心的工程教育在两国都有非常长的历史，贯穿了从诞生期到目前的大部分历史。

一　中国工程教育的实践教育

（一）"生产教育"思潮和"注重实科"的教育政策

民国政府在成立初期颁布的《大学规程》将工科分为土木工学、机械工学、船用机关学、造船学、造兵学、电气工学、建筑学、应用化学、火药学、采矿学和冶金学11门，各科课程主要是技术科学与工程技术。此外，《专门学校令》还将清末的高等实业学堂改为高等工业学校，规定"专门学校以教授高等学术、养成专门人才为宗旨"，并将工业专门学校分为土木、机械、造船、电子机械、建筑、机织、应用化学、采矿冶金、电气化学、染色、窑业、酿造及图案科等13科，在教学内容上取消了封建的内容，加强了技术科学基础课和经济管理知识的传授。

这些政策的颁布，使高等工程教育的培养层次和学科门类上都有了很大的进步，日趋多元化，学校类型和数量变得更加丰富。一些高等实业学堂纷纷改为工业专门学校，如湖南高等实业学堂改为湖南省公立工业专门学校、京师高等实业学堂改为国立北平工业专门学校、上海高等实业学堂改为交通部上海工业专门学校等。同时，全国新设了一批工业专门学校，如同济医工专门学校、中法工业专门学校、河海工程专门学校等。

国民政府定都南京以后，开始全面建立国家垄断资本主义经济体系，新建了很多国营企业，在客观上推进了国家的经济发展和工业化进程，达到一个较高的水平，特别是在铁路、公路、航空等交通部门和通信、冶金、机械等领域都有飞速的发展，因而对工程技术人才的需求也不断增加。由于传统教育体系的影响，当时文类教育和实类教育的比例严重失调。工程教育等实类教育虽然在民国初期有了很大的发展，但是在整个教育体系中，仍然只占了很小的比例。这与当时发展经济、加强国防、推进工业化进程的战略很不相适应。

20 世纪 20 年代中期，教育界出现了"生产教育"的思潮，希望通过教育的方法来培养"具有生产技能和意识的人才，以促进社会生产发展，改善人民经济生活"（王炳照等，1994），把重点放在满足以科学技术为基础的经济活动的需要上，主张教育的社会化、生活化及实用性，挣脱传统教育过于强调政治教化功能的束缚。这个观点得到了很多教育家和政治家的支持，到了 20 年代末期，国民政府为了实现现代化目标，使教育适应经济社会发展的战略决策，在教育领域大力推行"注重实科"的教育政策。

1929 年国民党第三次全国代表大会通过了《中华民国教育宗旨及其实施方针》，提出"大学及专门教育，必须注重实用科学，充实学科内容，养成专门知识技能"（史贵全，2003）。之后国民政府颁布《大学组织法》和《大学规程》，规定"大学教育注重实用科学之原则，必须包含理学院或农、工、商、医各学院之一"，《专科学校组织法》将专门学校改为专科学校，教授应用科学，养成技术人才（史贵全，2003）。这些措施为高等教育社会功能的发挥创造了有利条件，对高等工程教育的发展起到了有力的促进作用。之后的一段时间内，国民政府采取了一系列措

施，增设农工医等实科院系，停办甚至取消了部分文法科。其中，工科
院系的扩充最为显著，政府加大了对工程教育的投入，很多公立和私立
大学都开始设置工科院系。1936 年，有工程院系的高等学校已经占 1/3，
招生数跃居高等学校各学科招生数的首位（史贵全，2003），在校生人数
大大增加（见图 2 - 1）。1937 年，全国理工科毕业生达到了 15200 人，与
文科的 15227 人旗鼓相当（费正清，2004）。

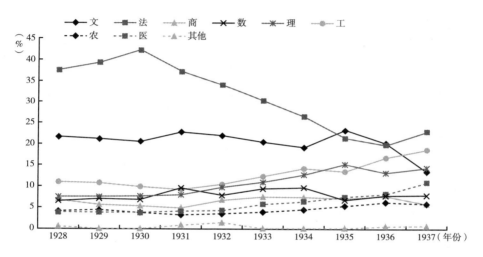

图 2 - 1　1928～1937 年全国专科以上学校各科在校生比例变化

数据来源：金以林：《近代中国大学研究》，中央文献出版社，2000，第 202 页。

　　这项同样由国家规划并强力推行的政策，虽然在整体上增加了工程
类院校的数量，扩大了招生规模，但工程教育内部的结构并不合理。土
木、机械与化工等专业的毕业生数量很多，其他专业则非常少，有的专
业甚至连续几年没有毕业生（史贵全，2003），出现了培养的技术人才
与国民经济发展以及工业和国防建设的需求不协调、不匹配的现象，造
成工科学生的结构性失业。出现这种局面客观上是由于各专业的历史、
师资及设备等因素的制约，但从根本上来讲，教育当局在推行注重实科
政策的过程中并不了解当时工程技术与农林医等实科领域的人才状况，
也缺乏对未来发展的规划，只是表面上应对国家工业发展落后、需要大
力培养实科人才的问题。

（二） 新中国成立初期的工程教育

1949 年中华人民共和国成立，中国进入一个新的发展时期，经济建设开始走上和平建设的轨道。中央提出过渡时期的总任务是逐步实现国家的社会主义工业化，因此，国家"集中主要力量发展重工业，建立国家工业化和国防现代化的基础；相应的培养技术人才，发展交通运输业、轻工业、农业和扩大商业"（周恩来，1984）。在国民经济恢复时期，国家投资的重点部门集中在关乎国计民生的水利、交通和重工业。但 1949 年，全国仅有工科院校 28 所，加上部分开设工科专业的综合大学，工科在校生人数仅为 30320 人（中华人民共和国教育部计划财务司，1984），规模不足和结构不合理严重影响了国家建设的进程，工程教育的发展已经不适应国家工业化发展的战略要求。为了培养适应国家需求的工农业人才，工程教育承担起光荣而艰巨的历史使命。

教育部门确立了新民主主义的教育方针，提出了"加强中等教育和高等教育，注重技术教育"（中共中央文献研究室，1992），培养具有高级文化水平、掌握现代科学和技术，全心全意为人民服务的高级建设人才的方针和目标，1953 年开始的"一五"计划集中力量发展重工业，要求高等教育就以"发展高等工科学校和综合大学的理科为重点"，五年内招生 214600 人。之后，全国新设置了 15 所工科院校，并在各综合大学和工程院校重点发展机器制造、土木建筑、地质勘探、矿藏开采、动力、冶金等与国家重工业建设密切相联系的专业。1957 年，工科本专科在校生人数占全国本专科在校生总数的 40.9%（何东昌，1998）。

1952 年开始的"院校调整"，以苏联教育制度为蓝本，"以培养工业建设人才和师资为重点，发展专门学院"，在中国构建起影响至今的工程教育体系。各高校的工学院是调整的中心，国家将综合大学中的工学院分离出来建立独立的工业院校，并根据国家建设对各类专门人才的需要制定专业设置计划（胡建华，2001）。其间共新建工科院校 12 所，主要是钢铁、地质、矿冶、水利等服务国家重点建设项目的学科门类，而且招生规模大大增加，工科本专科的在校生人数从 1949 年的 26% 增长到 1953 年的 37.7%，及时培养了大批工程技术人才（见图 2－2）。苏联工程教育模式要求学生参与实践、课程设计、毕业设计等环节，教学计划主要包括基础课、技术科学课及专业工程课，理论与实践联系得比较好（张维等，2003）。

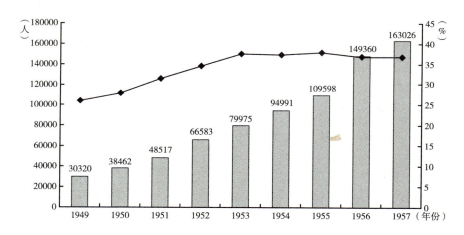

图 2－2　1949～1957 年工科本专科在校生人数及占全国本专科在校生人数比例

资料来源：中华人民共和国教育部计划财务司编《中国教育成就统计资料（1949—1983）》，第 52、64 页。

这一时期工程教育的教学过程中，工程实践环节是一个重要组成部分。国家推行生产实习制度，推动工科院校同厂矿和有关企业建立联系制度，充实高等学校的实验室、实习工厂或实验农场中的设备。学校在课堂讲授之外，安排了大量实验、练习、设计等实践性教学环节，与理论课程相结合构成了以培养专门化的工程师和大学理工科教师为主要目标的工科人才培养体系。

（三）"与生产劳动相结合"的工程教育

1958～1965 年是中国开始全面建设社会主义的 10 年，逐步摆脱苏联的影响，独立探索社会主义道路。中国共产党第八次全国代表大会明确提出当时的主要任务是集中力量发展社会生产力，实现国家的工业化，满足人民日益增长的物质和文化需要。这一判断，对于经济建设和国家各项事业的发展具有重要的历史意义，也深深地影响了高等工程教育的发展。"二五"计划将培养各项建设人才，特别是工业技术人才和科学研究人才作为教育工作的首要任务（金铁宽，1984）。

1958年的"大跃进"和"人民公社化"运动拉开序幕，高等学校则开始了"教育大革命"运动。国务院在《关于教育工作的指示》中提出了一些对工程教育影响深远的政策指示：教育与生产劳动相结合，鼓励学校办工厂和农场，工厂和农业合作社办学校。

随着社会主义建设和高等教育的"大跃进"，高等工程教育超速发展，工科院校1957年时只有44所，1958年达到251所，增加了4.7倍；1960年则达472所，为1957年的10倍多。学生人数也相应增多，1958年，工科本专科共招生101551人，是1957年招生人数的近3倍，使在校生人数在1958年达到257277人，比1957年增长了58%（见图2-3）。三年后，工科研究生的在校生人数也相应增长，在1962年达到一个顶峰（见图2-4）。

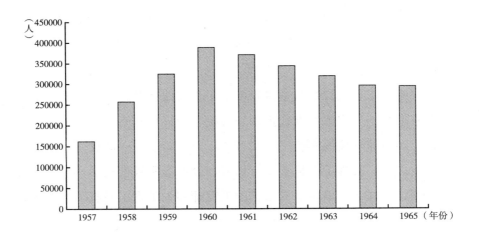

图2-3 1957～1965年工科本专科在校生人数

资料来源：中华人民共和国教育部计划财务司编《中国教育成就统计资料（1949—1983）》，第52页。

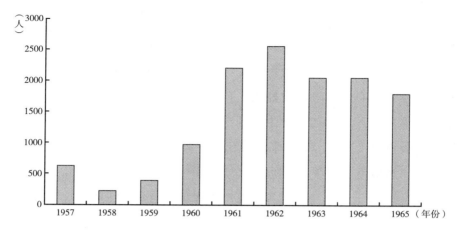

图 2 – 4 1957 ~ 1965 年工科研究生在校生人数

资料来源：中华人民共和国教育部计划财务司编《中国教育成就统计资料（1949—1983）》，第 114 页。

教育与生产劳动的结合实际上为工程教育创造了一个很好的平台，将教学和科研融入真刀真枪的生产劳动中，老师学生都共同参与工程项目的资料搜集、规划、设计及施工过程，培养出一批具有真正工程实践能力的工程人才，也取得了很多令人瞩目的科技成就。

但过多的生产劳动在一定程度上影响了教学工作，也加大了学生的负担。为此，1961 年 9 月，中华人民共和国教育部《直属高等学校暂行工作条例（草案）》（简称《高教六十条》）颁布，对"文革"以前高等教育的发展起到了指导规范的作用。各工科院校根据要求修订了工科本科专业的基础课程与技术课程的学时，对讲课、实验、实习、自习、考察、考试、学年论文、毕业设计等教学环节做出明确的安排，并将工科学生的生产实习纳入教学范围，适当代替生产劳动时间，对稳定工程教育的教学秩序和人才培养质量起到了积极的作用。但改革的成果很快就被随之而来的"文化大革命"所摧毁。

"文革"期间，全国各大学、县、公社，甚至自然村（大队）都开办革命化的"大学校"，很多学校没有教师，没有基本的教学设备，更没有课程和教学计划，高等教育陷入混乱的状况。正规的大学也推动教育改革，贯彻"教育与生产劳动相结合"的方针，开展教育革命，缩短了学制，精简了课程，并强调思想政治教育的绝对地位。

由于工程教育与生产劳动的天然联系，"文革"期间仍然有一定的发展，甚至产生了新的教学模式。1968 年，上海机床厂创办了七二一工人大学，从工人中选拔学生，到学校学习一些生产中急需的技术知识，再回到生产实践，以此来培养技术人员。这种工厂办学校的模式被迅速推广到全国，1976 年达到顶峰时全国有 3 万多所这样的学校，在校生 148 多万人。(《中国教育年鉴》编辑部，1984) 这些学校确实培养起一批技术骨干，缓解了当时的人才短缺。但是从教育的角度看，这种模式存在着很大的问题，专业课和文化课的比例很少，学生知识基础严重不足，不利于培养高层次的工程人才，实际上是一种技术教育的模式。

二　美国工程教育中的实践教育

1862 年是美国历史上一个很重要的年代。《宅地法（Homestead Act)》的通过，使个人无偿拥有了大片的土地，调动了农民的生产积极性，加快了美国向西扩大的步伐，于是全国范围的铁路网开始修建，这些都需要大量的机械原料和能源。1865 年南北战争结束以后，美国的经济出现了一段繁荣，新的技术专利层出不穷；城市化进程也逐渐加快，农业社会向工业社会转移，人们也需要越来越多的房屋、交通设施和产品。此时，美国对工程师的需求空前增大，工程教育进入一个飞速发展时期。

同年，《莫雷尔法案（Morrill Act)》颁布，各州相继建立起以农业和工程专业为主的增地学校，从根本上摆脱了欧洲传统古典大学的模式和影响，标志着工程教育开始成为美国高等教育的重要组成部分，实用性和技艺性的知识正式进入高等教育体系。到 19 世纪末，有 44 个州建立了 59 所增地学校；还有其他已有的大学也设置了工程专业，加上其他一些独立的以科学、工程和技术专业为主的学校，从 1862 年到 1872 年的 10 年间，工程学校的数量从 20 多所增加到 70 所（Wickenden，

1929），到 1892 年，增加到 101 所，另外还有 141 所学校开设工程专业（Zaret，1967）。

1890 年，美国城市人口的增长率首次超过农村人口，城市人口达到全国总数的 35%（恩格尔曼，2008），工业生产总值占工农业生产总值的 60% 以上（张维等，2003），这是美国城市化进程的一个重要标志。大学中实用性课程的比例增加，车间培训（shop training）开始出现在工程教育中。因为工程学院为了求得生存和发展，必须通过解决实际问题获得工业界的资助。学校教育与学徒式教育开始融合，工程教育也表现出一些职业教育的特点。一些学校要求学生先完成三年的课堂学习，再进入特殊的应用技术学院实习两年才能获得学位。之后，工程教育中又出现了教学实验室和暑期实习等方式。实验室的产生源自电气工程和机械工程专业对科学实验的需求，而在此之前规模最大的土木工程专业则强调设计和实际操作，主要依赖于数学和分析。

各类学校主要开设的工程专业包括土木工程、机械工程和采矿工程。这些专业是由于在实践中对科学知识的需求而产生的，基本上是一个从技术到科学的模式。而随着电报和电话在美国的诞生，电气工程专业也相继出现在各所学校。电气工程最先是从机械工程专业中分化出来，后来又主要从物理系分化出来，有很强的科学基础，相对而言，电子工程是一个从科学到技术的发展模式（Grayson，1993）。与电气工程类似的还有化学工程专业，石油产品的增加促使化学家开始探索化学知识的工程应用。

19 世纪末 20 世纪初，美国的工业发展又出现很多新的变化。现代企业开始出现，科层制的组织结构、流水线和大规模生产技术与现代管理模式使生产效率大大提高，并立即在大学教育中得到了体现。1902 年堪萨斯大学（University of Kansas）首先开设了工程管理课程，1908 年，宾夕法尼亚州立大学（Pennsylvania State University）第一个设立了工业工程专业（Hommond，1933）。

美国的物质文明在这一个时期得到了极大的繁荣，人们的生活水平也逐渐提高，越来越多的人进入学校接受系统的学习。同时，大量移民涌入美国，加上美国本土人口的自然增长，人口基数增大，学校的规模也更加扩大。工程教育也深受这个趋势的影响，入学人数大量增加，从1890年的1万人增长到1910年的3万多人（McGivern，1960）。工程专业出现了分化，向着越来越细致的专业分类发展。例如纺织制造、煤矿工程、铜矿工程、制冷工程、铁路工程、照明工程等专业相继出现，工程教育的目标开始更多地转向专才的培养。

20世纪初，各高校，特别是增地学校，仿照农业试验站相继建立起工程试验站（engineering experiment station），这是美国打破传统大学的象牙塔状态，将大学发展与社会需求结合在一起的尝试。这些试验站的主要目标是通过参与企业或公共问题，为企业提供技术援助等方式刺激和鼓励大学对工业的兴趣（Grayson，1993），而大学则通过这一方式获得了大量的研究经费和资源。其中最有影响力的当属威斯康星大学，它开创了美国大学的"威斯康星思想"，即大学的第三大职能——社会服务，使大学与社会生产及生活实际更紧密地联系在一起。

由此，美国的工程教育获得了坚实的社会根基，科学和实践有机地结合起来，形成独特的美国工程教育模式。工业界对工程教育的态度由之前的质疑转为认可甚至支持。企业很快也加入到工程教育过程中，与大学共同开展合作办学。1906年，美国第一个工程合作教育专业开始在辛辛那提大学实施，有12名机械工程学生、12名电机工程学生以及3名化学工程的学生进入这个专业（Akins，2005）。合作教育把理论和实践同时融合到工程教育中，学生通过实际工作学习理论知识及其应用，而企业能通过这种方式在学校的帮助下解决自己的技术问题，同时能够培训未来的雇员，因而也对合作教育表现出很大的热情和支持。

三　为战争服务的工程教育

中美两国的工程教育从诞生开始就与军事或战争密切相关，美国的工程教育诞生于18世纪末的独立战争时期，而中国的工程教育诞生在战乱不断的清末。两国工程教育在发展历程中，不断受到战争的洗礼，一方面为国家的独立和主权做出了重大贡献，另一方面也在战争中获得新的发展机遇。

第一次世界大战期间，中国的工程教育还刚刚起步，而中国虽然作为参战国，但在参战的时间和规模上都非常有限，工程教育受到战争的直接影响还不太明显；而美国的工程教育经历了一个世纪的发展，已经比较完善和成熟，在战争中发挥了重要作用。

1917 年美国正式宣战之后，美国的工程学校迅速调整了培养模式，通过短期的强化训练，在战争期间为美国军队培养了数十万技术人员和工程师（Mann，1918），在普通学生的培养方案中，也加入了军事训练的部分。在专业上，针对战争的需要优先发展土木、机械、电机、船舶、海军工程等领域。因此，在大量青年男子走上战场的时期，各个工程学校仍然有足够的学生，保证工程教育的规模。联邦政府在战争期间对教育的投入也是惊人的，不仅在政策上有灵活的管理模式，在经费上也给予高等学校大力的支持，年平均投入达 20 亿美元（Grayson，1993），工程教育以此为契机，获得了很大的发展。

到第二次世界大战，科学技术已经广泛深入地运用到军事战争中，战争从某种意义上说就是各国科学技术的较量，为工程教育的发展提供了很好的动力。此前，中美两国的工程教育都经历过黄金发展时期，成绩卓著。虽然战争对工程教育带来了很多的困难，但工程教育，特别在美国，从战争中获得了历史性的转变。

1937 年中国抗日战争全面爆发，国家建设和发展受到巨大破坏，刚刚经历了"黄金十年"的中国高等教育的发展态势也被打破，陷入极端困难的办学时期。分布在战前经济教育发展较为发达的华北、华东及其他沿海沿江地区的高校，由于战争的破坏，相继内迁往西南、中南、华南等相对安全的地区，并在迁徙过程中进行了联合、改组或合并。但正是这条件异常艰苦的抗战八年，中国的高等教育，包括工程教育，取得了令后人惊叹的发展成果。

战前的南部和西部地区经济发展相对落后，工业化进程缓慢。战时国防的需求使国民政府确立了"以军需工业为中心"的工业发展方针，投入了大量的国家资本，发展西部与南部地区的重工业、矿业、电业、轻工业和乡村工业。这些领域的发展，需要大量的工程技术人才，极大地刺激了工程教育的发展。

国民政府对内迁高校实施改组的过程中，进一步推行战前注重实科教育的方针。一是在改组高校将工科等实科学院分立建制，在综合性高校中进行院系调整。国民政府指令公私立大学增设"抗战建国"所急需的电机工程、土木工程和化学工程等与国防工业密切相关的工科专业。二是直接增设工科等实科大学，促进工程教育在西部的发展。这段时间，国民政府一共新建了6所工科院校，包括国立中央技艺专科学校、国立自贡工业专科学校、国立西康技术专科学校、国立贵州农工学院、国立西北工学院和国立西北技艺专科学校。抗战胜利后，原来在华北、华东和沿海地区的高校相继复校，但新建的院校仍独立建制，扎根在西部，在客观上实现了工程教育区域发展的均衡化。

战时西部高校尤其是工程院校，为国防建设和西部经济发展提供了极缺的技术人才，在修筑铁路、公路、水电站和军用机场以及勘探开发矿产的过程中，这些工程院校学生积极参与工程勘探设计和施工，取得了斐然的成绩，为抗战的胜利做出了贡献，为中国西部的发展也奠定了人力和资源基础。

由于战争的爆发进一步激发了对工程科技人才的需求，国民政府对直接服务抗战的工程教育实施了显著的倾斜措施，着力进行了包括工程院系的再调整与扩充，课程教材的整理与改革，保障措施的实施及加大对工程教育的支持力度等。1945年抗战结束后，工程教育的规模有了非常大的扩张，是这段时期增长幅度最大、速度最快的科类。全国设置工科专业的系科数从1936年的99个增加到1945年的155个，增长了近60%；专科以上层次的工科在校生占全国学生总数的比例从16.7%增加到18.2%，达到15200余人。除了数量上的增长，这个时期的工程教育质量并没有受到战争的影响，新中国的很多院士、"两弹一星"元勋和其他学术大师都在那个阶段接受了高等教育。

战后，由于各学校原有的资源设备被大量破坏，工科学生的实习环节都无法继续展开。教育部与军政部、经济部、交通部共同制定了校长合作办法，为高等工程院系与工厂企业合作开展实习教学提供了制度上的保障（史贵全，2003），学生能够利用暑期的时间深入工厂一线，受到了很好的工程实践训练。

美国的工程教育在二战中又一次起到了关键作用，为社会做出了很大的贡献，自身也获得了充足的发展动力。

首先，工程教育为政府提供了大量工程和技术培训，很多学校加入到战时培训项目中，提供短期的工程、科学、管理等方面的课程，在短时间内培养了上百万飞机制造、爆破、测绘、通信、电子、机械、冶金等专业的技术人员。战后，根据美国的《退伍军人法案》，有很多退伍军人进入大学继续求学，工程教育的规模有了明显的扩大，使美国在战后出现了非常庞大的在册工程师队伍。

在武器装备制造的压力下，机械自动化、航空、电子和核物理等工程学科发展突飞猛进。工程教育和研究在通信、运输、弹药、核能源等方面进行了关键性的工作。战后，这些领域的发展迅速被转移到民用领域，特别是核物理，战争期间，曼哈顿计划中绝密的技术在战后逐渐进入工程教育的课堂，成为一个新兴的专业。

工程学校还参与了很多国防和军工项目的研究。20 世纪早期发展起来的"大学－企业"关系为二战期间"政府－大学"关系的建立提供了一个模板（埃兹科维茨，2007），政府向大学投入了大量的研究经费，在大学建立了军事设备的研发实验室，这使大学，特别是工程学校的经费来源有了根本上的改变，也使大学的角色发生了改变。战后，国家自然科学基金会（NSF）和国家卫生研究院（NIH）等机构的建立，使政府支持大学科学研究和工程研究的模式得到强化。同时，以斯坦福大学和麻省理工学院为代表的一批创业型大学迅速崛起，把大学的技术转移到市场中，大学与企业也建立起紧密的合作关系。

四 实践教育中的工科教师

随着工程教育融入传统的精英教育，正式成为高等教育的重要组成部分，工科教师的角色逐步受到社会和工业界的认可。学校规模的扩大和工科学生数量的增加使工科教师在数量上有了很大的发展，教师队伍的构成也出现了重要的变化，以科学家为主变为以工程师为主（Grayson，1993）。

工厂实践教学方式的出现是这个变化最直接的动力。大量的实践课程要求教师具备实践的经历，这不是传统的大学教师所能胜任的。在19世纪，大学教授除讲课之外几乎不需要做其他工作，"学术研究普遍成为学校生活脱离实际的借口"（Mann，1918）。因此，很多学校直接从工厂聘用有经验的工程师到大学任教。另外，正式的工程教育产生已经有半个世纪，培养出了一定数量的受过科学训练的工程师，美国的社会发展给他们提供了广阔的实践天地。这样，他们既具备传统工匠的技术，也掌握了必要的科学知识及其应用，能够承担大学教学工作。他们还能在大学获得理论水平进一步的提升，所以积极支持大学的教学活动（张维等，2003）。

专业学会的出现，也为工科教师的发展提供了很好的条件。一方面，专业学会中产生了很多既有实际经验，又有深厚的学术基础的个体，能够胜任大学教师的工作，成为大学工科教师队伍的来源之一；另一方面，工科教师能够通过专业学会获得更好地提升。当时的专业学会已经开始致力于现实问题的研究，对大学本身的研究是一个很好的补充。

此时，还有另一种重要的专门组织对工程教育和工科教师产生了深远的影响，这就是关于工程教育研究的组织，使美国的工程教育自诞生以来，就有重视教育研究的良好特色。1890年，美国出现了一个名为"机械工程教师联合会（Mechanical Engineering Teachers Association）"的组织，后来又更名为"工程教师联合会（Engineering Teachers Association）"（Grayson，1993），试图把所有工科教师的力量集合起来，讨论如何开展工程教育。而建立于 1893 年的工程教育促进协会〔Society for the Promotion of Engineering Education，ASEE（American Society for Engineering Education）的前身〕最终成为 20 世纪以前美国对大学教育问题进行专门研究的唯一一个组织（Mann，1918）。由此可以看出，工程教育对教学的关注甚至超过了普通的大学。一方面，这与教学是工程教育最原始也是最根本的目标密不可分。另一方面，也说明工程教育者们探索这一全新教学领域的强烈意愿和迫切需求。这个协会开展了很多有价值的研究，其会员不仅包括当时美国工程学校里近 1/3 的教师，还有工业界的工程师，甚至世界其他国家的教师和工程师，他们共同参与系统化的教学研究，还出版了很多早期的工程教育教材。直到今天，美国工程教育的研究主体大部分仍然都是工科一线教师，并且以具体的教学过程为主要对象。

工程教育进入传统的大学以及工科课程结构的确定，使参与工程教育的教师队伍变得多样化。工科教师不再需要像伦斯勒学院的阿莫斯那样的全能教师，自然科学与人文社科等课程可以由大学原有的文理学院教授，工程学院的课程主要集中在应用科学和工程技术方面。所以，工程师身份的教师逐渐开始主导工程学院。

第四节　以通识教育为重心的工程教育

一　美国工程教育中的通识教育

1846 年，本杰明·富兰克林·格林（Benjamin Franklin Greene）接任伦斯勒学院的主任，将学校改名为伦斯勒理工学院（Rensselaer Polytechnic Institute），并提出新的教育理念，按照欧洲技术院校的模式进行了重新改组，强调人文学科、数学、物理和技术知识的同步学习，工程教育要同时培养科学人才和应用人才（Rezneck，1968），使其成为一所普通多科性技术学院。这是美国工程教育通识化的开始，虽然在后来出现了很多关于工程师是专才还是通才的争论，但是注重基础和广泛知识的趋势开始逐渐加强。

工厂实习和实践方法的出现，引发了一次关于科学和实践在工程教育中孰轻孰重的激烈争论。工程教育究竟要训练专才，还是培养通才。争论的结果是美国出现了两种极端的工程教育模式，一种强调数学和普通科学的理论概念和研究，另一种则重视工厂实践，培养熟练的工程师和操作者（Clavert，1967）。但不论哪种模式，自然科学、数学、语言、社会科学和技术知识都成为工程教育课程的固定内容，只是各部分的比例不同而已。

随着战后经济的复苏和大规模生产方式的普及，工程管理开始显现出其重要性，工程师的专业逐渐与企业领导工作结合在一起（董乐山，1987），1884~1924年之间，大约2/3的工程院校的毕业生在离校15年内就成为企业的管理人员（Wickenden，1930）。1929年，工程师出身的胡佛当选为美国总统，极大提升了工程职业的社会地位。在胡佛及其继任者的任期内，美国经历了大萧条时期，很多工程师失业。社会、经济和政治的因素对工程学科发展的影响日趋明显。人们意识到，工程学科和技术的发展，离不开社会、经济和政治的环境，工程领域也相应承担起更多的社会责任。这一时期，美国兴建了很多大型工程，不仅在一定程度上缓解了经济压力，也让工程师更好地服务于社会需求，承担起社会责任。此时工程教育的课程也逐步超越科学和技术的内容，紧跟工业发展步伐调整教学内容，课程中出现了管理、经济和社会等通识教育的内容，并由此引发了美国工程教育界关于通识教育的大讨论。1939年，一些地方开始考虑强制要求工程教育中的通识教育内容，甚至要求学生在进入工程学院的本科学习以前完成两年文理学院的学习（Society for the Promotion of Engineering Education，1940）。为此，SPEE成立了一个专门委员会对这一问题进行研究。

1939年6月，SPEE成立了以哈里·哈蒙德（Harry Hammond）为主席的委员会研究工程教育中的通识教育问题。同年11月，委员会发表了《工程课程的目标和范围委员会报告（Report of Committee on Aims and Scope of Engineering Education）》（以下简称《目标和范围报告》），针对当时关于是否把工科本科教育的年限从 4 年延长至 5 ~ 6 年以容纳更多通识教育内容的讨论。该报告认为延长学制的做法并不恰当，建议维持本科教育 4 年的课程，将部分课程放到研究生阶段。本科教育应该注重扎实的自然科学与社会哲学基础，培养学生有效表达的能力以及反思和批判性思维的习惯，介绍在实际问题中应用科学知识的基本的工程方法，更高层次的专业内容应该放在研究生阶段进行（Hommond，1940）。在本科期间，应该同时发展"科学技术（scientific - technological）"和"人文社科（humanistic - social）"的工程教育。这两部分的知识不应该被划分开来分别教授，而是应该融合起来贯穿在整个培养方案中。通识教育的比例一直是美国工程教育关注的问题之一，而在此时达到了一个巅峰。《目标和范围报告》明确了工程教育，特别是本科阶段的主要目标和任务，实际上明确了工程学科作为实用型学科的特点。

二　中国工程教育中的通识教育

1922 年中国实施"壬戌学制"以来，大学仿造美国模式，拥有很大的自主权，在课程、师资、学生考核、教科书等方面均由各大学自行决定，水平参差不齐，工程教育整体的专业布局不够合理。因此，教育部决定组织大学课程及设备标准起草委员会，按照编订大学课程和设备标准，其中工业教育委员会负责拟定工学院的科目表。新的科目表规定了工科的必修科目，包括国文、外国文、数学、物理、化学、应用力学、材料力学、经济学、投影几何学、工程画、工厂实习、徒手画、建筑初则及建筑画、初级图案、阴影法、木工等（史贵全，2003）；提供了选修科目的建议，由大学自己确定；还提出了厚基础、宽口径的培养理念，注重学生的基本训练和广博的学识，第一年不分专业，第二年开始进入专业学习，第三、四年增加实用科目。

这些教育理念对今天的工程教育改革仍然有非常积极的意义，一些做法一直保留至今。这是对工程教育通识性的强化，一方面能使学生具备多方面的综合素质，另一方面也能顺应工科专业随着自然科学的发展而迅速分化的需求。

20年代，与教育主管部门同时认识到通识教育对工程教育的重要性的，还有很多工程学者和教育家，他们在不同的场合表达了对工程人才的观点，十分推崇通识教育的思想。例如，茅以升认为工程教育的最大目的在于培养"善于思想、善用文字、善于说辞、明于知己、明白环境、知科学知识所自来及运用之方法、富于经济思想以及品德纯洁深具服务之精神"的工程上的有为之才（茅以升，1926）。梅贻琦也认为大学教育的最大目的在于"培植通才"，而"工学院毕业的人才，对于此一工程与彼一工程之间，对于工的理论和工的技术之间，对于物的道理与人的道理之间，都应当充分了解"，所以工程教育必须增加通识的课程而减少专攻技术的课程。要使工程教育于适度的技术化之外，取得充分的社会化与人文化（刘述礼等，1993）。高等工程教育界的学者和教育者对通识教育的理念有很大的共识，工程人才不仅要具备广泛的基本学识和专门知识，还应该有全面的能力和素养。这种观念不仅继承了中国传统文化对"德才兼备"的要求，也是对当时工程教育的反思。

三 工科教师

强调通识教育的工程教育对学生的全面素质提出了很高的要求，实质上也对工程教育的教师队伍提出了很高的要求。培养学生全面的素质要通过高水平的教师和完善的课程体系来实现。

这一阶段的工科教师大都受到了良好的高等教育，甚至是专业的工程教育，在专门学科的知识和实践上已经有了很多的积累。通识化的工程教育理念还促使中美两国的工科教师更加关注教学，特别是教学理论和方法。

第五节 以科学理论为重心的工程教育

一 中国的科学教育

1912 年中华民国政府成立，提倡"实利教育""以人民生计为普通教育之中坚"（朱有瓛，1990），其中也包括工程教育，为工程教育的发展创造了良好的条件。教育部颁布了《大学令》《专门学校令》《大学规程》《工业专门学校规程》等规章制度，从制度上保证了工程教育的发展。

《大学令》规定大学以"教授高深学术，养成硕学闳材，应国家需要为宗旨"（舒新城，1961），分为文、理、法、商、医、农、工等七科，而且工科必须与理科同时设立，试图推行综合型大学的办学理念。虽然这种理念在当时的实际条件下阻碍了大学的发展，因为大学没有足够的资源支撑多个学科，但这个方案在一定程度上促进了理工的结合，加强了工程教育中的科学性。

后来，民国政府调整了这一理念，借鉴德国大学的学科编制方法，实行"学术分校"，建立了很多独立的工科大学。部分工业专门学校升格为工科大学，成为高等工程教育发展史上引人注目的现象，我国许多著名的工科大学即成立于此时，例如，交通大学、北京工业大学、同济大学等。另外，一些专门学校则通过与其他院校合并，组建新的大学，并成立工学院，如湖南大学、四川大学、浙江大学、东南大学等。20 年代新建立的一些大学也开设了工科专业，例如东北大学、清华大学、云南东陆大学、中山大学等（史贵全，2003）。1922 年，民国政府颁布了《学校系统改革方案》（即"壬戌学制"），放宽了大学设立的条件，允许单科大学的存在。中国工程教育由此经历了一个短暂的急速扩张阶段，基本上奠定了新中国成立前高等工程教育的基本格局。

改革开放以后，中国的工程教育模式逐渐从新中国成立以后的苏联模式转向科学化的美国模式，按照科学教育体系构建了工程教育的体系（朱高峰，2005）。80 年代初，国家对高等教育的专业结构进行了调整，以学科为导向设置工程教育的专业，强调系统化的学科理论，弱化了科学知识在解决工程实践问题中的作用（彭静雯，2013），而工程教育培养的学生也从工程师逐渐变为以"技术科学家"和"工程科学家"为主。

二 美国的科学教育

第二次世界大战中新兴技术的利用，导致工业界的实践发生了快速的改变。通信、材料、建筑和运输工业界的有识之士认识到，需要加强科学性与分析性方法，从而导致并大大加强了对以上领域经验丰富工程师的需求。1956 年，格林特（Grinter）的《关于工程学教育的报告》集合了多个工程系主任的参与，报告认为，工程教育的课程设置应该坚持科学与学科并重，同时要体现工程科学的重要性。《格林特报告》所提出的课程设置的新理念，实际上对工程教育的教师构成、学生的选拔、学校的实验设备等都产生了极其深远的影响。

这份报告所倡导的科学化理念很快随着美苏的军备竞赛而成为现实。二战结束以后，美国和苏联进入冷战时期，并开始以核武器为主的军备竞赛。双方竞相用最先进、攻击力最强的武器向对方进行威慑，其背后实质上是一场科学技术的竞争。1957 年，苏联抢先发射第一颗人造卫星，对美国产生巨大冲击，美国人意识到他们在科学和技术上的优势受到了严重威胁，于是来自政府和私人的大量资金投入到科学研究中。为了赢得太空竞赛的胜利，美国的科学技术发展突飞猛进，终于在登月计划中抢得先机。工程学校在这一时期获得巨大的发展，经费充足，设备更新，学生数量激增，科学研究完全融入工程学校的基本目标中，成为工程学校的一个重要职能。联邦政府资助的工程研究经费从 1970 年的 2.2 亿美元增长到 1990 年的 15 亿美元（Grayson，1993），州立和地方政府的资助从 1970 年的 2300 万美元增长到 1990 年的近 3 亿美元，商业和企业赞助从 2100 万美元增长到 4.18 亿美元。

随着美国经济结构的转变，美国经济和国家安全开始依赖于技术上的领先，工程教育也随之出现了很大的变化。在国家的支持、企业的合作以及国际竞争等多种因素的刺激下，美国在战后形成以科学化为主要特点的工程教育模式。70 年代以后，本科课程有了根本性的改革，逐渐脱离传授技术能力，转而关注工程科学。各专业的教科书层出不穷，研究成果的发表也刺激了工科课程的改革。大学里开设了很多与先进技术相关的工科专业或方向，建立了工科的副学士和学士学位体系，研究生教育体系也不断完善，工科博士生入学人数持续上升。

1980 年前后，美国国会通过修正案，把工程学科纳入到国家自然科学基金会支持的范围中，提出了科学与工程并重的口号。其后，自然科学基金会参与了工程研究中心的改革项目，支持大学建立工程研究中心和工程领域中关键性基础研究的开展，并为大学与企业合作创造条件，促进科技成果向工业界的转移（陈劲等，2006）。

到 90 年代，大学承担了一半以上的联邦政府所资助的科学和工程的基础研究，主要集中在材料科学、国防、高速计算机与环境等领域。

三　教师职能的转变

随着战后美国国际地位的不断提高，科学化的工程教育模式极大地影响了世界很多国家的工程教育，也包括中国。直到今天，科学研究及其成果仍然是评价工程教育最重要的指标。由此带来工科教师结构的一个重要变化，即科学家成为工科教师队伍的主要组成部分，研究成为工科教师的重要职能。教师队伍的学历水平越来越高，博士学位逐渐成为进入教师职业的必要条件；工科教师的大量时间也用于科研项目，有实践背景的教师数量越来越少。

随着工科教师参与研究的增加，教学质量受到了一定的影响，教师投入教学的时间明显减少。因此，教师队伍里出现另外一股重要的力量：助教。学校开始雇用大量刚刚毕业的硕士研究生甚至是本科毕业生来担任课容量大的班级助教（Mann，1918）。为了保证助教队伍的质量，有一些学校的助教选拔要求学生毕业后在工程领域工作一年以上并取得优秀成绩。而另一些学校则严格限制全职教授的数量，只有得到本专业技术专家的同行认可以后，才有可能晋升为全职教授。

第六节 本章小结

中美两国工程教育在诞生初期，呈现出很多相同的特点。首先，两国正式的工程教育都是从军事领域兴起的，随后逐渐过渡到民用领域，都与国家的命运和需求密切相关。其次，都大量移植了国外特别是欧洲的教育模式，强调科学知识的传授。再次，都非常注重实践，以培养应用型人才为主。最后，都经历了一段与传统教育融合的过程，开始确立通识教育的定位。第一个特点使工程教育承担起重大的使命，在国家的发展中扮演重要的角色。后面三个特点则形成了影响两国工程教育发展的三种力量：科学（理论）、工程（实践）和普通知识。这三种力量形成了工程教育发展过程中的不同重心：科学教育、实践教育和通识教育，塑造了中美两国工程教育独特的发展路径。工程教育的发展就是在这三大重心之间转移并不断寻求平衡的过程。

本章以工程教育重心的转移为基础，将工程教育的发展分为实践教育、科学教育和通识教育三个阶段，进行分段描述。美国工程教育呈现出螺旋式发展的模式。这三种力量此消彼长，使工程教育的重心不断转移。而在中国，工程实践一直占据主导的地位，工程教育从诞生到改革开放前，都一直以实践教育为主线。文章研究了不同阶段的工程教育所处的时代背景、发展特点和基本诉求，分析了不同重心的工程教育中工科教师队伍在人员构成和职能上的特点。在实践教育为中心的时代，职业工程师或有工程实践经验的个人是工科教师队伍的重要组成部分；科学教育的强化，吸引了一大批工程科学家进入工科教师队伍；而通识教育要求工科教师受过良好的高等教育，在专门学科的知识和实践上有扎实的积累，并对教学本身有深入的了解。

随着工程教育的不断发展，这三种力量逐渐融合，使工程教育呈现多元化的特点。工科的教师队伍也随之变得日益丰富，融合了三种类型的个体。

第三章
中美当代工程教育发展
及其对工科教师的要求

本章将主要分析进入 21 世纪以后中美两国工程教育的发展现状和趋势，总结其重要特点及存在的问题，研究这个背景之下工程教育对工科教师队伍的需求，以及中美两国的工科教师队伍所存在的问题。

第一节　中美当代工程教育的发展

一　工程教育发展的世界背景

本书一直在试图勾勒工科教师整体特点的时代背景，主要是从工程教育和工科学校的发展以及不同历史时期工程教育理念变化的角度探索工程教育对工科教师的需求。之前的研究所呈现的主要是学科和国家教育体系的背景，带有中美两国鲜明的国家特色。当我们的目光进入 21 世纪以后，必须把这个背景扩大到整个世界。全球化作为 21 世纪最突出的标志，已经深深地影响了各国发展的方方面面，包括工程教育。全球化不仅促使世界各国的工程教育开发出新的发展领域和模式，也为它们带来共同的挑战。各国的工程教育不仅仅肩负着自己国家的工程科技人才的培养，还承担了更多全球的责任。

全球化得益于技术的飞速发展。航海技术的发展使人们开始认识世界，不断发现新大陆并且开始互通有无。交通、信息与通信技术的发展缩短了世界的距离，人们可以在世界的不同角落更便捷地了解其他地方的消息。互联网/通信卫星和光纤技术等的发展使得这种交流的速度大大提高，极大地压缩了空间的距离，使整个世界都变得同步。

空间的压缩和时间的同步造就了全球化的市场，资本、商品和服务的流通速度大大加快，改变了世界经济的格局。整个世界变成一个市场，不同的经济体都在寻找自己的资源优势：人力、资本、能源、原料……所有这些资源中，最核心的是知识和技术，因为其他的优势都逐渐会被全球化的经济所磨灭，与传统资源的有限性不同，知识是无限的，而且其生产速度越来越快。发展中国家能够迅速借助全球化的力量在短时间内经历发达国家耗费了几十甚至上百年所经历的变革，逐渐"处在同一条起跑线……集中在同一个竞技场上，形成公平合作的新态势。"（Friedman，2006）工业生产正逐渐从能源密集型和劳动密集型向知识密集型转变，各国的竞争最终变为以知识技术的创新为核心的较量。知识越来越成为提高综合国力和国际竞争力的决定性因素，人力资源成为推动经济社会发展的战略性资源。因此，世界主要国家都把培养创新型工程科技人才当作迎接新世纪挑战、参与国际竞争的战略核心，提升到前所未有的高度，并且已经采取一系列重大举措。

知识经济也催生了新的生产模式。在新的全球经济下，高端服务，如设计、服务与咨询等可以通过更为经济的方式，在人力成本更低的地方完成，再通过高速的电子传输或货运的方式返回发达国家，并被全世界所使用。甚至大型的设计项目也可以通过通信手段，由位于不同时区和国家的全球团队共同完成。信息共享把文化、知识和经济全部联系起来，使世界更加"扁平化"。

同时，人们在享受全球化带来的便利时，也面临新世纪的很多新问题。

首先是人口的老龄化。世界上很多发达国家都开始面临严重的老龄化，美国婴儿潮时期出生的一代逐渐开始进入退休期，欧洲60岁以上人口的比例在未来 10 年内将超过 30%，2008 年日本的生育率仅有 1.37，总人口呈负增长趋势。（Duderstadt，2001）即使是中国这样的人口大国，也因为对生育的严格控制而显现出老龄化的特征，并将逐步丧失人口数量带来的人力资本大国的优势。老龄化不仅使个人和社会的养老保障负担加重，而且使医疗、保健、卫生等行业的压力加大。

其次是环境的恶化。快速增长的人口和人类不加节制的索取已经破坏了地球的生态平衡。不计其数的物种正在逐渐灭绝，生物多样性受到严重威胁；温室气体的大量排放导致全球变暖、臭氧层空洞和恶劣气候的产生，大城市污染严重，可持续发展成为追求经济增长必须考虑的问题。

再次是能源问题。人们的生活严重地依赖于清洁而稳定的能源，传统的能源资源储量有限，人们已经清楚地计算出了这些能源被消耗殆尽的时间，必须一边大幅度削减能源消耗，一边开发可再生的替代性能源。

全球化和知识经济的产生得益于科学技术的发展，也对科学技术提出了更高的要求。无论是促进全球化所必需的知识生产、通信手段、信息技术与服务外包等方面，还是解决人口、可持续发展和能源问题，在很大程度上依赖于科学技术的新一轮进步，这都与工程教育有着千丝万缕的联系。

对工程教育的发展来说，21 世纪无疑是一个千载难逢的机会，机遇和挑战为工程教育提供了一个很大的发展空间。工程实践在社会中的地位正发生着翻天覆地的变化。工程实践者需要的绝不仅仅是简单地从理论上掌握科学技术，跨学科、跨文化的交流，团队合作，基础研究和工程应用之间的紧密联系等方面都需要新的工程教育模式。

因此，在所有的发达国家，工程教育院校都在重写教育计划，优化教学以回应新世纪对工程教育提出的新要求，促进学生的流动性，使他们学习更多能够满足国际化就业市场需要的技能。各国根据自身的教育体制，选择了不同的工程教育模式，以满足本地区及全球劳动力市场的需求。对中美两国来说，各自的工程教育具有很多相同的诉求，但作为处在发展中和发达两个不同发展阶段的国家，它们的工程教育也有一些不同的特色。

二 当代中国工程教育

(一) 当代中国工程教育发展的特点

中国现代工程教育的起步，比起美国晚了 100 年左右。进入 21 世纪，中美面临的是相同的全球化背景及其带来的机遇和挑战。中国的工程教育和它的工业发展一样，一边遵循工程教育发展的客观规律，稳步积累；一边发挥后发优势，有选择性地跨越发展，构建符合有中国特色发展需要的不同类型卓越工程师培养模式体系。100 多年来，中国的工程教育虽然深受美国、德国以及苏联等国家的影响，与此同时，也在不断摸索自己的发展道路，进行了一系列的改革，初步形成了多种层次、多种形式、学科门类基本齐全的工程教育体系，培养了大批工程科学技术人才，为中国工业、农业、科技及国防现代化事业做出了重大贡献。

在经济全球化的背景下，中国提出走中国特色新型工业化道路、建设创新型国家、建设人力资源强国等一系列国家战略目标，并相继颁布了《国家中长期科学和技术发展规划纲要》《国家中长期教育改革和发展规划纲要》《国家中长期人才发展规划纲要》等重大规划纲要，为 21 世纪初期的中国发展绘制了蓝图。工程教育在这样的框架之下，呈现出以下发展特点与趋势。

第一，优化结构。

从 20 世纪末开始，中国的高等教育经历了一次大规模的扩张，很快步入了大众化的发展阶段 (见表 3－1)。工程教育的规模也因此大幅度提高，继续保持在整个高等教育体系中规模最大的学科。2011 年，全国共有普通高校 2305 所，其中 95.9% 的学校开设了工程教育专业；工科本科专业共有 169 种，占全国本科专业的 33.4%；研究生工学一级

学科 38 个，占全国总数的 34.5%。工科本科在校生 452 万人，占当年
全国在校本科生 1427 万人的 32%；在校工科研究生 62 万人，占全国在
校研究生总数 172 万的 36%（中华人民共和国教育部，2012）。

表 3 – 1　1998 ~ 2012 年我国高等教育发展情况数据统计

单位：万人

年份	普通高校本专科 在校生人数	普通高校本专科 工科在校生人数	全国研究生 在校人数	全国工科研究生 在校人数
1998	340.87	135.46	19.89	8.46
1999	413.42	161.33	23.35	9.92
2000	556.09	214.83	30.12	12.98
2001	719.07	249.12	39.33	15.45
2002	903.36	308.50	50.10	19.73
2003	1108.56	369.34	65.13	25.58
2004	1333.50	437.62	81.99	31.81
2005	1561.78	547.72	97.86	36.97
2006	1738.84	614.39	110.47	41.23
2007	1884.90	672.05	119.50	43.63
2008	2021.02	727.20	128.30	46.20
2009	2144.66	774.16	140.49	47.42
2010	2231.79	803.12	153.84	49.04
2011	2308.51	845.11	164.58	58.76
2012	2391.32	873.61	171.98	61.62

说明：从 2011 年开始，专科学生数不再看学科门类分，而是按 19 个学科大类分。本表中的
"工科"包括：交通运输、资源开发与测绘、材料与能源、土建、水利、制造、电子信息、环保气
象与安全、轻纺食品 9 个大类。

资料来源：中华人民共和国教育部，《教育统计数据》，1998 ~ 2012 年，http：//www. moe.
edu. cn/。

工程教育在数量上增长的同时，也在逐步进行学科和层次上的结构
调整。在传统产业处于升级和转型期，资源、能源及环境等成为国家可
持续发展的关键要素，因此工程教育加大了能源、环境、制造业、信息
技术与公共安全等重点领域的人才培养力度，通过专业设置、招生计划
与就业引导等一系列政策措施，构建合理的工程教育学科结构。在教育
层次上，加快了高等职业教育和工程专业硕士学位的发展，逐步完善高

职、本科、硕士和博士多层次的工程技术人才培养体系，满足社会对多种层次和多种类型工程技术人才的大量需求。

第二，强调质量。

数量上的增长很快给中国的高等教育体系带来一些压力，部分高校的教学质量有所下降，引起社会的广泛关注。同时，随着"211 工程"和"985 工程"等重点发展项目的持续实施，引领了高校关于办学体制和运行机制的改革，也在高等教育领域引发起以提高教学质量和办学效益为中心的教育思想大讨论，提高教育质量成为高等教育发展最关键的问题之一。由于工程教育的特殊地位，它的教育质量也备受关注。教育主管部门和各高校采取了各种措施来提高工程教育的质量，例如具有国际等效性的工程教育认证体系的建立、"新世纪高等教育教学改革工程""高等学校教学质量和教学改革工程"和"高等学校本科教学质量与教学改革工程"等一系列的重大改革措施的实施以及近期拉开帷幕的"卓越工程师计划"。

以工程教育认证为例，1995 年，我国就开始了建筑学专业的认证工作，并通过《中华人民共和国建筑师条例》，将建筑学专业认证纳入了法制化、规范化和制度化的轨道。在此基础上，从 2006 年起，教育部高等教育司组织开展了更大范围的工程教育专业认证工作，初步构建了我国的工程专业认证体系，对机械、电气电子、化工、计算机、能源与动力类、材料类、水利类、安全类、交通类等其他工程专业开展了认证试点工作，并于 2013 年成为《华盛顿协议》的临时缔约方。工程教育专业认证的核心是建立一个多层次的质量保证体系。在国际层面，通过国际互认协议使自身的认证过程和结果获得国际同行的认可和监督；在国家的层面，通过认证标准和认证办法设定了高校开展工程教育的质量要求，这种要求不同于教育行政部门从教育管理的角度设定的强制性指标。工程教育专业认证是一种第三方的认可模式，给予达到认证标准的工程教育专业及其毕业生统一的"标记性"认可，以认证机构本身的权威性担保这些专业和毕业生的质量。在院校层面，工程教育认证要求学校和院系有质量保证的措施，并且以自我评估、专家评估和定期检查等形式使工程教育的质量保持一定的稳定性和不断提升的可能性。而工程教育认证最终受益的是个体学生，经过认证的专业能够确保每一个学生达到从事工程类工作的基本要求，而且使他们获得国内外的广泛认可。

第三，关注创新。

创新是全球工程教育发展的共同特色，在中国也被提升到国家战略的层面。工程教育作为建设创新型国家的重要基础（陈劲等，2006），在"创新"方面进行了大量的研究和实践。中国缺少创新型人才和高技能人才，原始创新能力不足几乎成为所有工程教育研究的共同结论。因此，从国家层面的工程教育改革计划到各院系专业的工程教育实践，培养创新型工程技术人才都是共同的目标。事实上，在这些研究和实践中，"创新"是一个含义非常广泛的概念，包含了对科学知识、工程技术、实践经验、工程设计能力、创新意识与创新能力以及道德素养的全面要求。从另一个方面来讲，"创新"其实是一个模糊的框架，并没有统一的标准和目标。在研究者所提出的种种创新型人才培养的建议中，几乎囊括了当今工程教育发展的种种问题。"创新"实质上反映出中国工程教育追求多元化、全面发展的目标。

第四，重视实践。

从前面章节的分析我们可以看出，中国的工程教育实际上有很好的实践传统。但在20世纪工程教育科学化的影响之下，中国的工程教育也偏离了长期以来以工程实践为主线的发展途径，过分强调理论知识的学习和科学研究。主要表现为学生缺乏工程实践的机会、教师队伍缺乏工程实践的经验、企业缺乏参与实践教育的动力。因而在当今工程教育体系下培养出来的毕业生，被认为与达到工程从业要求有一段距离。"做中学""全面工程教育""实践教育"等观念不断地被学者提出来，也引起了教育主管部门的高度重视。在近期开始实施的"卓越工程师计划"中，工程教育的实践问题成为一个核心，教育行政部门试图通过政策的手段，创立高校与行业企业联合培养人才的新机制和新模式，使工程行业企业参与到工程教育中，与高校共同制订培养目标、共同建设课程体系和教学内容、共同实施培养过程、共同评价培养质量，并为学生提供在企业实习的机会，重点培养学生的工程实践能力、工程设计能力和工程创新能力。

第五，强调国际化。

中国工程教育强调国际化不仅是受到全球化的影响，也是中国在经历了闭关锁国的教训和改革开放的成功之后的内在驱动。在国际化的过程中，中国的工程教育一方面希望向世界展示自身的发展优势，另一方面又大量借助国外的经验来完善自身。从个人的层面，有大量学生和学者走出国门，到国外的大学求学深造，国内高校也逐渐开始招收国际学生，并邀请国外学者前来讲学和参与科学研究。从院校的层面来看，越来越多的工科专业与国外大学建立了合作关系，通过学生和学者的互访和合作研究提升院校的国际化水平。在全国的层面，工程教育专业认证建立了一个国际化的平台。当前，全世界有三项关于高等工程教育学位（学历）互认的国际性协议，即《华盛顿协议》、《悉尼协议》和《都柏林协议》。这些国际互认协议，承认签约国所认证的不同层次的工程专业培养方案具有实质等效性，认为经任何缔约方认证的专业的毕业生达到了从事工程师职业的学术要求和基本标准。这种互认能促进工科毕业生的国际流动，为他们获得工程师执业资格认证奠定良好的基础，也可以扩大我国工程教育的国际影响。

（二）中国工科教师的变化

与中国的工程教育在 21 世纪所呈现出的特点相对应，中国的工科教师队伍也发生了很多变化。

随着教育规模的扩大，高校教师队伍经历了一个较大幅度的增长，2012 年高校专任教师数量为 1998 年的 3.5 倍，其中工科教师的数量也随之从 1998 年的 113425 人增长到 2009 年的 352163 人，占全国专任教师的数量始终维持在 27% 左右（见表 3－2）。

表 3 - 2　1998～2012 年我国普通高等学校专任教师数和工学专任教师数

单位：人，%

年份	专任教师数	工学专任教师数	工学教师占全部专任教师比例
1998	407253	113425	27.9
1999	425682	117940	27.7
2000	462772	127758	27.6
2001	531910	141908	26.7
2002	454882	—	—
2003	724658	—	—
2004	858393	231605	27.0
2005	965839	260059	26.9
2006	1075989	292053	27.1
2007	1168300	318014	27.2
2008	1237451	338103	27.3
2009	1295248	352163	27.2
2010	1343127	—	—
2011	1392676	—	—
2012	1440292	—	—

说明："—"表示当年数据缺失。

资料来源：中华人民共和国教育部发展规划司，《教育发展统计公报》，1998～2008 年，http：//www.moe.edu.cn/。

教师队伍质量是保证工程教育质量的关键。1998 年颁布实施的《中国高等教育法》对高等学校的教师资格、水平、职务和责任等方面做了明确规定。近年来，教师队伍的学历水平有了大幅度的提升，国家重点发展领域的相关专业，例如通信、计算机、电子等，教师资源比较充足。（陈劲等，2006）教师的质量也是工程教育专业认证的一个重要指标，中国《全国工程教育专业认证标准》要求各工程教育本科专业：

1. 教师数量能满足教学需要，结构合理，并有企业或行业专家作为兼职教师。

2. 教师应具有足够的教学能力、专业水平、工程经验、沟通能力、职业发展能力，并且能够开展工程实践问题研究，参与学术交流。教师的工程背景应能满足专业教学的需要。

3. 教师应有足够时间和精力投入到本科教学和学生指导中，并积极参与教学研究与改革。

4. 教师应为学生提供指导、咨询、服务，并对学生职业生涯规划、职业从业教育有足够的指导。

5. 教师必须明确他们在教学质量提升过程中的责任，不断改进工作，满足培养目标要求。

（中国工程教育认证协会秘书处，《工程教育专业认证标准》，2012）

教师的国际化水平有了明显提升。从 20 世纪末开始，中国实施了很多重大的教育改革和人才吸引计划，逐步改革阻碍教育发展的人事、分配和科研管理制度，吸引和培养了一大批具有国际领先水平的学者，极大地提高了教师队伍的整体水平，工程领域在其中占了相当大的比例。例如，从 1998 年开始实施的"长江学者奖励计划"，12 年来全国各高校共聘任长江学者 1804 人，其中工程学科的长江学者接近 1/4。这些学者几乎都具有博士学位，特聘教授 90% 以上具有一年以上国外留学或工作经历，讲座讲授全部从海外招聘（中华人民共和国教育部人事司，2009）。

教师的工程实践经验也日益成为研究热点。教师缺乏工程实践的经历被很多学者认为是制约我国工程教育发展的一个重要因素，特别是工程教育受到科学化趋势的影响之后，越来越多的教师从大学直接毕业进入教师岗位，没有机会接触真正的工程实践。一些高校工科专业在教师招聘中尝试将工程实践经历作为应聘条件，或者在教师入职后，利用学术休假和假期的时间，安排教师到企业实习。"卓越工程师计划"也计划从国家层面来改变这个现状，"建设一支具有一定工程经历的高水平专、兼职教师队伍。专职教师要具备工程实践经历，其中部分教师要具

备一定年限的企业工作经历，并应有计划地全过程参与企业实际的工程
项目或研发项目；兼职教师要从企业聘请具有丰富工程实践经验的工程
技术人员担任"（中华人民共和国教育部高教司，2010）。

此外，随着工科专任教师人数的迅速增长，大量年轻教师加入高校
教师队伍，从客观上降低了教师队伍的平均年龄，是工科教师队伍出现
年轻化的趋势。

三　当代美国工程教育

（一）当代美国工程教育发展的特点

美国的工程教育在过去 200 多年的历程中，在实践教育、通识教育
和科学教育方面都有比较均衡的发展，对各种模式兼容并包，而且在国
家工业化程度比较高的背景之下，建立起结构完整、层次多样以及体系
庞大的高质量工程教育体系，培养出来的工程科技人才也非常多元化，
类型丰富，无论是工程研究，还是工程应用，或者工程技术领域，在美
国社会的经济发展、国家安全和国家竞争力等方面都发挥了重要的作用。
进入新世纪，美国的工程教育在数量和结构上一直维持相对稳定的状态，
继续保持原有的规模和体系，但在内涵上体现出很多时代的特点。

第一，倡导"回归工程"的理念。

"回归工程"并不是 21 世纪才提出的口号。正如麻省理工学院院
长乔尔·莫希斯在学校 1994～1998 年的长期规划《大工程观与工程集
成教育》中指出的那样："大工程观的术语是对工程实际服务的工程教
育的一种回归，而与研究导向的工程观相对立，强调知识的完整性、系
统性。"（王建等，2010）美国所倡导的"回归工程"不仅是重新强调
与科学相对的工程实践在工程教育中的重要性，更是要回归一种美国一
直以来所坚持的均衡发展的工程教育，科学基础和研究、工程实践以及
通识教育的共同发展——一种全面的"大工程观"。

美国高校和企业界的合作向来比较密切，在工程教育科学化的过程
中，高校与企业之间更多的是合作研究和知识技术输出的关系，但这在

客观上使美国高校一直能够直接地了解企业的需求和市场发展的趋势，学生和教师都能够获得比较多的实践机会。在美国现阶段的工业发展水平和经济发展模式的背景下，强调工程实践更多的是让学生了解工程项目的运行过程，并在此基础上培养学生的管理能力、创新能力和领导力。美国的工程教育研究者认为，现代工程师要参与到工程产品生产的整个生命周期中，这应该是工程教育为学生构建的学习背景（Crawley et al，2007）。

第二，引领工程教育的创新。

引领世界创新是美国近年来的国家战略之一。2006 年 2 月，布什政府公布了《美国竞争力计划》（American Competitiveness Initiative，ACI），提出大幅增加联邦政府的研发投资，加强科学教育和技术培训，继续吸引海外高科技移民，鼓励创新活动和创业精神等政策措施。自二战以来，美国一直受益于科学研究和技术进步所带来的经济繁荣，但这样的优势正在受到欧洲、中国、印度等国家和地区的威胁，这些国家和地区在科研投入、高等教育（特别是科学和工程领域）、人才资源等方面正在积极追赶美国，因此美国要通过加强科研投资、教育质量和人才培养从而继续在"基础研究方面领先世界、在人才和创造力方面领先世界。"《美国竞争力计划》极大地影响了国会和政府部门、非政府组织以及高校的政策方向。美国教育部随后组建了高等教育未来委员会，开展了大量的讨论和研究，委员会的最终报告《领导力考验：规划高等教育的未来》（A Test of Leadership：Charting the Future of U. S. Higher Education）提出了很多举措，让高等教育在提升国家领导力和整体实力方面扮演重要角色。国家科学基金会从 ACI 计划中获得巨额拨款，用于资助研究型大学的基础研究活动和有潜力的应用研究。而美国的高校，特别是研究型大学，在教学和科研上展开了方方面面的改革，学生资助，研发经费，师资培养，加强数学、科学、工程和技术教学等都逐步得到落实。美国工程院在《2020 工程师：新世纪工程学发展的远景》的报告中提出："工程师必须理解领导力的原理，并且能够在个人的职业发展中不断地实践这些原理，……高超的领导能力还必须在工作中坚持很高的道德标准，并且需要培养职业主义意识。"（National Academy of Engineering，2004）

第三，对工程教育具有前瞻性的设计与规划。

美国的工程教育改革近年来一直走在世界各国的前列，或者说由于美国近年来在国际上的强大号召力，其教育改革也有很多追随者。

1997 年，美国工程与技术认证委员会（Accreditation Board For Engineering And Technology，ABET）经过多年的研究，在工程教育专业认证中开始正式启用《工程标准 2000》（Engineering Criteria 2000，EC 2000）。EC 2000 注重的是学生学到了什么，而不是传统教育所关注的教师教了什么，也就是强调学生在经过培养方案的训练之后具备了怎样的综合能力，包括沟通、合作、专业知识技能、终生学习的能力及世界观等等。（王孙禹等，2007）随后，以成果产出为导向的教育理念被很多国家和地区的工程教育认证机构所采用。

2001 年美国工程院开始实施"2020 工程师"计划，并相继发表了《2020 的工程师：新世纪工程的愿景》和《培养 2020 的工程师：适应新世纪的工程教育》两份报告，对未来工程技术发展、未来工程师的角色和特点以及培养未来工程师的方法等方面进行了战略性研究。报告对 21 世纪的工程师所应具备的知识、能力和素质的描述是以成果为导向的工程教育理念的延续，相似的分析方法和内容很快也出现在其他国家的工程教育研究甚至国家层面的教育改革方案中。

美国虽然没有强有力的中央教育行政管理体系，但类似工程与技术认证委员会、国家工程院等非政府机构非常重视工程教育，其研究和实践对工程教育的发展具有很大的影响力。

第四，注重领导力的培养。

在美国全面工程教育理念的影响下，工程师不仅能够解决工程问题，还具备领导企业甚至管理国家的能力。当具备丰富工程科技知识和技能的工程师成为企业甚至国家的管理者时，他们要引领行业甚至世界的发展。从美国的经济发展模式来看，美国已经把产品生产中需要消耗大量人力、能源和资源的环节外包到世界其他地区，而留在本土的是包含核心技术和理念的研发设计部门，这就要求美国的工程师具备很强的原始创新能力和领导能力，牢牢掌握工程生产的控制力，因此"领导力"成为很多学校的工程教育专业的核心教育理念之一。

例如麻省理工学院从 20 世纪 90 年代开始就明确提出要培养 21 世纪美国企业界的领袖，开设了"系统设计"专业的工程硕士学位，对大学毕业 5 年后且担任企业领导职务的人员进行工程管理与设计方面的培训。（国家教委工程教育考察团，1996）以工程管理所长的斯隆管理学院领导力中心（Sloan Leadership Center）开展了大量关于"领导力"的研究；2007 年，在原有的众多工程教育改革基础上，麻省理工学院开始实施 Gordon 工程领导力计划（以下简称 Gordon 计划），这是该校有史以来投入最大的一个本科生课程改革计划，以真实工程实践为基础设计了领导力课程和项目，并从企业界聘请了资深领导者担任导师，以此培养学生的领导和管理能力，继承麻省理工学院在美国工程技术领域的领导地位，让学生以社会发展为己任，在全国范围内发挥和扩展这种领导力，提高美国的产品开发能力，引领国家创新和综合实力的提升（雷环，2010）。

第五，国际化的工程教育。

美国工程教育的国际化主要表现在它教育资源的多元化。2000 年，美国科学和工程职业拥有博士学位的从业者中有 38% 出生于国外，大学工程专业有终身教职的教授中 36% 是第一代移民；2003 年，美国 58.9% 的工程专业博士学位授予了外国留学生，在美国高校工作的博士后研究人员中，有 59% 来自海外。（陈劲等，2006）美国历来就是一个对外来文化非常包容的社会，在二战后更是由于接纳了大量欧洲学者而帮助美国的高等教育取得了很多卓越的成就。在建立国际互认的工程教育认证体系和工程师资格认证体系中，美国也是早期的倡导者，通过国际协议将美国的工程技术人才推向世界。

（二） 美国工科教师的变化

美国工科教师最大的特点是多元化。这种多元化包含了很多层面。首先是工程实践背景的多元化，由于美国高校相对灵活的人事聘任制度，工科教师既有来自企业界的资深工程师，也有来自军队的高级官员，还有来自政府部门的行政管理人员。这些人在不同的工作岗位中积累了多种工程实践经验，给高校的工程教育带来丰富的资源。高校还为教师提供工业咨询、工业休假、工程实习以及合作研究等，丰富教师的工程实践经历；其次是学术背景的多元化。跨学科合作是很多高校鼓励的，这一点也体现在教师队伍中，不仅有从工程专业毕业的教师，也有具有其他学科背景的教师，特别是理学、医学、商学等与工程有很多联系的学科，大量的跨学科合作项目也丰富了工科教师队伍的学科视野；再次是基于人种、性别、种族、民族、国籍等背景的多元化。这是美国自由平等精神的重要体现，近年来，受女性研究的影响，有很多研究和实践关注女性在工程领域中的成长，既有工科专业中的女学生，也包括工科教师中的女性。她们不断改变人们对工程领域是男性特权的看法，为工程教育和工程科学技术的发展做出了积极的贡献。美国最具影响力的工科院校——麻省理工学院选出了有史以来第一位女性校长。

注重工科教师的职业发展。教师作为一种学术职业，有其专业的知识和专门的技能（联合国教科文组织，2008），近年来兴起的教师发展"关注教师职业活动能力的整体发展，包括的范围很广泛，从学科研究和学术，到课堂内的正式教学，到对个人学术职业的管理"（Mathis，1982）。对工科教师来讲，教师发展还包括了更多内容。例如，定期以咨询会、研讨会的形式为教师提供有关管理、咨询、研究及教学等方面的培训；邀请工程师和工程专家帮助教师了解工程实践知识，以及工程应用、精密复杂的软件使用、工程设计方法培训等；为教师提供各种机会提高工业素养（Carolyn Meyers，1995）。另外还有一些研究关注不同年龄段或职业发展阶段的工科教师的需求，甚至在工科毕业生进入教师岗位之前，就向他们详细介绍从事工科教师职业所必备的知识和能力。

美国的工科教师非常关注工程教育研究。美国工科教师参与工程教育研究是长期以来的一项传统，美国工程教育历史上很多著名的研究报告都是由工科教师牵头甚至亲自调研执笔完成的。

由于美国经济发展模式的影响，工程教育对学生的吸引力正在慢慢降低，越来越多的美国学生选择了法学、商学或医学等职业教育特色明显的专业，这也造成美国工科教师队伍的后备力量不足。这是美国工程教育取得很大成功之外的一个危机。为此，美国工程教育界也开展了大量的研究，提升工程教育的影响力，力图还公众一个关于工程教育客观与正确的看法（National Academy of Engineering，2008）。

第二节　当代工程教育对工科教师的需求

从上文的分析可以看出，进入 21 世纪，随着中美两国的工程教育在应对全球化的背景和各自国家的特色时发生了重心的转移，工科教师队伍也发生了一系列的变化。这些变化是否能够满足 21 世纪工程教育的要求呢？让我们回到 21 世纪工程教育发展的特点，来探讨一下这样的工程教育需要什么样的工科教师队伍。

第一，工程教育需要一支经过充分教育教学训练的教师队伍。

大学教师作为一种职业，有它先天的不足：缺乏职业准备。1966 年和 1997 年，联合国教科文组织分别在《关于教师地位的建议》和《关于高等教育教学人员地位的建议》中指出，教学工作，无论是中等教育以前的教学，还是高等教育的教学，都是一种职业，而"（高等教育的教学）是一种公共服务，要求高等教育人员具有通过长期刻苦学习和钻研获得和积累起来的专业知识和专门技能。"但"大学教师可能是世界上唯一一种没有特殊训练要求的职业。教学和科研是大多数大学教师最主要的两个职业活动。学术职业有很多必要条件，但教学职业却没有。"学历学位和研究能力日益成为越来越多的大学，特别是研究型大学聘任教师的基本条件，这是大学教师作为研究者的必然要求。但大学教师同时也是知识的传授者，和基础教育与中等教育中的教师具有同样的角色。基础教育和中等教育的教师往往接受过专业的"教师教育"或"师范教育"，是专业的"教学者"。大学教师在这方面的职业准备却非常欠缺，当今很多高校的新任教师都是获得博士学位后直接走上教师岗位，并没有完全做好成为教育工作者的准备，他们对教学方法和教育理论了解很少，有的从未有过教学经验，他们在进行教学的时候是"出于好意的有天赋的业余者"（Kuh，2005）。工科教师在受教育的过程中，对教育学、心理学等与教学有关的学科接触相对更少，更造成工科教师的先天不足。

第二，工程教育需要一支综合能力强的教师队伍。

无论是美国回归全面发展的工程教育，还是中国对多元化的工程教育的追求，21世纪的工程教育需要同时承担通识教育、科学教育和实践教育3种职能，也就是说，工程教育的重心需要在三者之间找到平衡。现代社会，工程系统日益复杂化，工程与社会、政治、经济、环境、法律、文化等的联系愈来愈紧密，这些变化要求工程教育提供与学生生活和职业相关的课程，由此吸引各种类型的学生，并把他们与整个社会的需要和面临的问题联系起来；要求工程教育提供综合性的课程，并使学生尽早接触工程实践；要培养学生跨学科的视野；要开展不同形式的教学，满足不同类型学习的需要；要更加注重培养学生解决问题、社会交往、团队合作、领导力和终身学习的技能；要强调工程实践对社会、经济和环境的影响；系统的课程；强调设计；要与认知科学和教育研究结合起来，并教会学生如何学习。除了在工程教育专业的培养方案中设置必要的人文素质课程以外，更重要的是工科教师将综合能力的培养渗透融合到教学过程中，在传授知识技能的同时潜移默化地进行道德素质塑造，在教育的各环节中融入素质教育的思想，这就要求工科教师本身具备全面的知识能力素质。

第三，要求教师具有适应工程教育终身学习的能力。

在知识经济的时代，知识以一种前所未有的速度被创造和发现。个人只有不断学习，才能跟上社会的发展。未来的高等工程教育将更加强调终身教育，职业成功的关键是学会自我学习。而作为教育主体的教师，也必须坚持终身学习的理念，通过终身学习不断地更新和充实自己，以适应不断变化的工程教育环境的要求，及时了解专业领域的前沿知识，对本学科的基础理论和专业知识要有系统而深入的了解，把握学科发展的方向。工科教育在其他方面也出现了很多新的关注，例如指出需要更多的多文化背景和交叉学科教育，以及更好利用信息科学技术，这些都需要工科教师不断地提高自身的能力来实现。

第四，工程教育需要一支国际化的教师队伍。

教师队伍的国际化是全球化经济的必然要求。在全球化背景下，任何国家和地区的经济、社会及文化都在不断与其他国家和地区产生相互影响的作用，工程教育也是如此，各国的工程教育都将面临相似的问题和挑战，可以通过相互学习借鉴，共同应对。国际化也是提升工程科技水平的需要，特别对中国这样的发展中国家来说，通过国际交流合作，能够尽快使工科教师了解国内外新技术的现状和发展前景，更好地为自己的研究和发展找准定位。此外，各国大学的学生构成也体现了国际化的趋势，美国大学的留学生比例非常高，中国大学的留学生数量也逐渐增加。面对这样的学生群体，教师需要提供国际化的课程，使国内的工程教育可以被更多的学生接触到。这就要求教师的来源和经历多元化，避免近亲繁殖，而且需要教师通过国际化的经历获得国际化的视野和国际交流的能力。

第五，工科教师必须具备一定的实践能力和经历，与企业和工业界有密切的联系。

工科教师缺乏工程实践经历是各国工程教育都普遍存在的问题，脱离了实际的工程教育将违背其根本的特点。工科教师要通过一定的实践经历，了解理论和技术在实际应用过程中的问题和发展前景，为教学和研究提供案例和素材。而且，当今社会科学技术转化为生产力的周期越来越短，研发和生产紧密地结合在一起，高校的工程教育也与工业市场密切相连，教学、科研和生产应该合为一体。工科教师应该坚持产学研一体化的理念，在保证教学质量的前提下，积极参与科研开发工作，把握学科发展的前沿，推动科技成果的转化。

第六，工科教师必须具备创新的能力。

任何领域的发展和进步都需要不断地创新，特别是在知识经济时代，创新是这个时代出现频率最高的一个词。创新是通过科学的研究和严谨的实践来解决新的问题而实现的，因此，创新依赖于实践者和研究者共同的合作，探索前沿知识和实践方法。工科教师不仅要在专业领域的研究中创新，也要在工程教育中创新。研究的创新是大学的基本职能，工科教师通过探究工程领域的新技术、新材料和新方法来推动工程实践的发展。而工程教育的创新却常常被忽略，新世纪对工程科技人才的要求不断提高，工程教育也应当随时做出调整，设计有效的学习环境，采用适当的教学方法和模式，这就需要工科教师参与到工程教育的研究中，深度了解工程学与学习理论，具备一线教学实践，能够了解工程学学生与其学习环境，由此改进工程学教育实践（Fortenberry，2007）。

第三节 本章小结

本章以全球化经济和国家综合国力竞争的背景，分析了当代工程教育的新特点以及中美两国工科教师的新变化。

全球化带来了飞速发展的科学技术，新的经济增长模式以及综合国力竞争的升级，同时，也让世界各国面临了同样的环境、能源、老龄化等问题的挑战。工程教育已经成为高等教育领域的一个重要学科，从时代背景中获得了强大的发展动力。为此，作为工程教育主体的教师也就需要具备更高的综合素质，顺应时代的变化。

中国的工程教育在新世纪呈现的特点包括：规模不断扩大，并逐步进行学科和层次上的结构调整；通过工程教育认证等形式，不断寻求提升工程教育质量的途径；关注创新，并将其提升到国家战略的层面；开始重新重视工程实践，提出了很多与实践教育相关的教育理念；强调国际化，个人、院校和国家的层面，都有很多走出去、引进来的举措。与这些特点相呼应，工科教师队伍也经历了数量上的大幅增长，其质量水平和工程实践能力受到越来越多的关注。

新世纪，美国的工程教育继续保持原有的规模和体系，在内涵上也体现了时代的特点，包括：倡导"回归工程"的理念，寻求科学教育、实践教育和通识教育的均衡发展；引领工程教育的创新，提出并实施了很多具有前瞻性的工程教育理念和改革；注重培养学生的领导力和原始创新的能力；通过吸纳多元化的教育资源，推动工程教育的国际化。其工科教师最大的特点也是多元化，教师教育和工作背景丰富；此外，工科教师还注重自身的职业发展和教育研究本身，参与了大量工程教育研究活动。

从中美工程教育及其工科教师队伍的新特点可以看出，进入 21 世纪，中美两国的工程教育在应对全球化背景和各自国家特色时发生了重心的转移，对工科教师也提出了更多的要求。新世纪的工程教育要求教师经过充分的教育教学训练，具有很强的综合能力，具有适应工程教育终身学习的能力，具备一定的实践能力和经历，与企业和工业界有密切的联系，具备创新的能力。

第四章
中美研究型大学的工程教育
及其对工科教师的要求

　　中美工程教育在经历了各自的发展以及当今全球化的影响之后，已经形成了一个多样化的工程教育体系。开展工程教育的学校覆盖了高等学校的各种类型，既有综合型大学，也有专门的工程技术学校；既有预科、专科学校，也有文理学院、研究型大学；既有公立学校，也有私立、民办大学。工程教育的目标也是多元化的，因为工程科技人才在工程领域中担负着各种不同的专业职责，他们的活动虽然有一些共同的方法，但其工作却很难被具体描述出来，涉及生产活动的方方面面，包括了广泛的服务和技术活动。就工程技术本身来说，其功能就有很大的不同，有些是高度专业化的，有些是半专业化的，有些是非专业化的；有些与纯科学研究没有很大的区别，有些又根源于商业或金融。工程技术领域既需要大量通过教育和实践过程具备了特定领域之内的知识和技能的专业人才，也需要具有领袖能力和权威性的拔尖人才。因此，在工程科技人才的培养过程中，不同类型的高校应该有不同的培养层次和办学目标，在国家和社会的工程科技人才培养和科学研究中发挥不同的作用。

　　研究型大学是高等教育的"领跑者"，在工程教育领域，主要培养研究开发型的高层次工程技术人才和开展高水平的工程科学研究。本章将通过分析研究型大学工程教育的基本定位和发展现状，讨论其对工科教师的需求，并结合前两章的内容，归纳出研究型大学工科教师所应该具备的基本要求框架，为后文的研究奠定基础。

第一节　中美研究型大学工程教育的发展

一　美国研究型大学及其工程教育的发展

美国的研究型大学可以追溯到在 1862 年《赠地法案》和 1887 年《哈奇法案》影响下建立的赠地学校，联邦政府支持这些学校开展农业和工程研究，并以技术转移的形式使研究成果服务社会生产。1876 年，美国仿照德国大学模式建立了第一所真正意义上的研究型大学——约翰·霍普金斯大学，将研究和研究生教育引入美国，工程教育也因此脱离了纯技艺性知识传授的方式，开始面向地区和国家的工农业发展开展教学和研究，有了科学的引导。

但长期以来，美国工程教育主要是为了满足工业化和社会的要求，在应用和技术方面取得了很大的成就，在工程设计和制造行业中发展很快，对基础科学研究的需要并不高。一战以前，美国只有很少一些学校设立了研究生工程教育专业，全国每年工科研究生的招生数仅有数百名，而同期本科阶段的工科生入学人数已经有 10000 多（Grayson，1980）。

20 世纪初，美国实现了向工业化国家的转变，工业产值跃居世界第一位，社会对高层次人才提出了更高的要求，这大大推动了美国研究型大学和研究生教育的发展。同时，物理等基础科学的巨大发展引领了世界科学的进步，也深刻地影响了美国的工程学科的发展。在此之前的工程学科成功地将专业的科学知识和工程艺术有机地结合在一起。但从1930 年开始，工程师在研究雷达、喷气飞机、合成材料和原子能时不得不更深入研究基础科学。由于专业的知识只适用于很小的研究领域，工程学科方法的实用性开始下降，而掌握了基础科学知识的科学家更容易获得成功，因为土木、电机、机械和化工工程的界限对于他们来说并不明显。工程教育不能仅仅停留在以技术为基础的训练方法上，因为不可能让学生同时掌握多个工程领域的专业知识，而是要以科学为基础来训练更具普适性的工程师。

社会经济的繁荣，使一些著名的基金会也开始为大学提供经费开展基础科学研究，研究型大学获得了强大的动力。工程研究的影响开始逐渐显现，企业开始与大学合作开展研究，并投入部分经费，为工程教育发展提供了新的资源。一战后，各工科专业的研究生数量就成倍增长。到 20 世纪 20 年代，美国已经有了一大批研究型大学，培养出来的研究生开始超过欧洲。（Noll，1998）1938 年全国工科研究生招生人数超过了 5000 人（Grayson，1993），其中还包括一部分博士学生。很多工业企业也建立了科学研究实验室，促进了工业研究的发展。在给大学带来竞争压力的同时，也在工程科学领域营造了良好的科研氛围。由于应用科学和工程学的研究在战争中发挥了重要的作用，联邦政府对高等学校科学研究，特别是工程科学领域研究的支持达到了一个前所未有的强度，从 1940 年的 3900 万美元增加到 1950 年的 5.24 亿美元（Grayson，1993），研究型大学获得了很好的发展契机，在工程科学研究方面取得了卓越的成就，研究生培养规模也越来越大。

虽然科学研究和研究生培养已经成为这些学校的核心使命和主要任务，但研究型大学的概念却直到 1971 年美国卡内基教学促进基金会开始对美国高等教育机构分类时才被明确提出来。1973 年卡内基分类标准第一版对研究型大学的基本要求是"至少有两个学年位居联邦学术科研资助经费的前 50 名，并在一个学年度里培养 50 名以上的哲学博士。"之后这一分类标准经过了数次修订，对研究型大学的界定也有很大的变化，逐渐取消了对联邦资助经费额度的要求，而强调在学士学位专业的设置齐全；授予博士学位除了数量上达到每年 50 个以外，还对其所覆盖的学科范围提出了要求。2005 年最新的分类方法将之前被称为研究 I 型、研究 II 型、博士 I 型、博士 II 型以及博士研究型大学按照更综合的标准纳入博士学位授予型大学的类别中，再根据学校研究活动的活跃程度分为三类：研究活动高度活跃的研究型大学（Research Universities with very high research activity，RU/VH）、研究活跃的研究型大学（Research Universities with high research activity，RU/H）和博士授予研究型大学（Doctoral/Research Universities，DTU）（The Carnegie Foundation for the Advancement of Teaching，2006）。总的来说，研究型大学强调大学的研究职能，应该有比较大的研究生教育规模、高质量的师资和生源以及充足的研究经费，要培养高层次创新人才，创造高水平的科研成果，"以创新性知识的传播、生产和应用为中心，以产出高水平的科研成果和培养高层次精英人才为目标，在社会发展、经济建设、科教进步、文化繁荣和国家安全中发挥重要作用的大学"（王战军，2004）。教师凭借学校的空间、实验设备、图书馆、支持辅助人员和经费等的支持，一般以创造知识和科学研究为主要任务。

二　中国研究型大学及其工程教育的发展

在中国，20 世纪初清政府所颁布的"癸卯学制"中已经出现了研究生教育层次。在大学堂之上还有通儒院，相当于今日的研究生院，"研究各学科精深意蕴，以中国学术日有进步，能发明新理以著成书，能制成新器以利民用为成效。"由此可见，通儒院有很高的人才培养目标，相当于今天所说的研究生层次，培养具有设计、开发及创新能力的高级工程人才。

北京大学和清华大学等学校在 20 世纪 20 年代前后陆续成立研究院，开始研究生教育。但对工程教育来说，研究生教育真正开始却是在30 年代，最早开展工科研究生教育的是国立北洋工学院。第一批硕士研究生在 1937 年获得学位（这是当时国民政府仿照英美体系建立的学位制度）。但在新中国成立前，由于中国的工业化水平较低，加上战乱的影响，物质条件匮乏，工科研究生培养规模很小。

新中国成立以后，我国高等教育学习苏联高等教育体制，实施专业化教育的模式。为了适应国家经济建设的需求，加快培养适应国家建设需要的人才，在国家经济条件有限的情况下，中央政府自上而下地实施了重点大学建设的策略，选择一些基础较好及对行业和区域发展有重要作用的高等学校和重点学科进行集中资助，在短时间内进一步提高了这些学校的教育质量和科研水平，成为国家和地方培养高层次人才，解决经济建设和社会发展重大问题的重要基地，为新中国成立初期的社会经济恢复和建设提供了人才保证（王孙禹等，2008）。但研究生培养的规模不是很大，而且大多数都是学制较短的"师资研究生"。（王战军，2000）在社会需求的导向和苏联模式的影响下，工科一直都受到重点的支持，1952年院系调整之后，工科院校形成以单科性工学院为主的模式，工科研究生教育也有了一定的发展。（张维等，2003）进入80年代以后，我国又先后多次调整政策，实施重点大学建设工程（康宇，2006）。

1981年，我国开始实施学位制度，这是研究生教育的重要里程碑，次年开始招收首批博士研究生（《中国教育年鉴》编辑部，1984）。至1985年4月，42个授予单位共授予博士157人，工学博士9人，占37.6%，是数量最多的学科。（《中国教育年鉴》编辑部，1986）按照卡内基的分类标准，此时中国的博士生培养规模非常小，还没有真正意义上的研究型大学。到80年代末以后，博士研究生教育规模才开始逐步扩大。清华大学在1988年授予博士学位数首次超过50人，达到卡内基关于研究型大学的博士生培养标准。

20世纪90年代，伴随着中国的改革开放和经济实力的增强，政府部门提出"建设高水平大学及其重点学科"和"建设世界一流大学"的目标，先后启动了"985工程"和"211工程"，国家分期投入了大量的科研经费，标志着我国建设研究型大学实践的启动（王孙禹，2009）。经过近20年的发展，国内已经有少数学校真正成为研究型大学，具备了向世界一流大学冲刺的人才优势、学科优势和物质基础，在少数学科和高新技术领域已达到和接近世界先进水平，拥有一批高水平的教授，为创建世界一流大学创造了条件。

三　创业型大学的兴起和发展

与此同时，欧美的研究型大学又开始了新的一次转型，创业型大学作为研究型大学的进一步发展出现在欧美各国。这些大学将教学和研究与社会服务密切相连，在教学、研究和服务 3 项功能的结合中产生知识，在大学、工业和政府的"三螺旋"结构中发挥独特的"社会服务"作用，并以创业作为服务职能的实现手段。新兴的创业型大学除了具备研究型大学团体研究的组织和具有商业潜力的研究基础之外，还有将研究作为知识产权转移出大学的组织机制、在大学里组建公司以及将学术要素和商业要素整合成新的组织模式的能力。知识的资本化与大学研究成果的产业化进入大学议程。

而在实现研究型大学"创业"目标的主要是与"解决现实问题"密切相关的工程和管理等学科。因此，研究型大学的工程教育在这一转变中获得了巨大的发展动力。工科的教师开始大量参与企业的咨询工作，进而为研究申请专利，然后通过技术转让或者教师直接创办公司的做法将研究成果变成可以在市场上交易的技术，建立起"大学—企业"的关系框架。这种关系的建立为研究型大学的工科发展创造了很多有利条件：第一，大学和教师可以通过咨询和技术转让获得大量的研究经费，缓解政府拨款减少的压力；第二，教师能够更好地了解企业和社会的需求，从而使自己的研究更有针对性；第三，教师在"创业"过程中积累的工程经验和案例能够丰富教学内容，为工科学生的培养提供良好的素材；第四，由于大学和教师与企业密切的关系，工科学生也能获得很多工程实习、实践甚至工作的机会，这正是当前工程教育所缺乏的。

同时，创业型大学也带来了关于教育理念以及教师角色和伦理的争论，因为教师大量参与研究和创业活动，压缩了教学的时间，影响了大学作为教育机构最根本的目标的实现。教师该如何平衡这些矛盾？研究型大学的工科教师应该做什么？这些问题将在下一节中展开讨论。

第二节 研究型大学工程教育对工科教师的需求

大学在诞生初期的唯一职能是教学，这是大学作为一个教育机构所应具备的基本特点，在中等教育的基础上，以专业教育为目的，培养具有一定专门知识的人才。虽然那时大学的教师也有研究的活动，但其根本目的还是为教学而探究高深的知识。洪堡和柏林大学的建立才把科研从个人行为变成一种制度，上升到大学职能的地位。此时大学既是培养人才的场所，又是学术探究的场所。19世纪下半叶，"赠地学院"和"威斯康星思想"开创了高等学校参与社会生产服务的历史，使社会服务成为高等学校的第三种职能。中国在西方高等教育的影响下，也逐步接纳了这样的教育理念和西方的大学制度，并将三大职能以法律的形式纳入中国的高等教育体系中。

教学、科研和社会服务虽然被统称为大学的职能，但相对于其他类型的大学，研究型大学却更好地将3大职能融合在一起，使3大职能在一个组织内互相促进，互为支撑。研究型大学"是培养和造就高素质的创造性人才的摇篮，是认识未知世界、探求客观真理、为人类解决面临的重大课题提供科学依据的前沿，是知识创新、推动科学技术成果向现实生产力转化的重要力量，是民族优秀文化与世界先进文明成果交流借鉴的桥梁。"（江泽民，2006）而这些职能和目标的实现，正是通过研究型大学的教师来完成的。与其他工科教师相比，研究型大学的工科教师更加重视研究，也承担了更多社会服务的职能，因为研究型大学对教师的评价和激励机制都偏向于科学技术研究和科学技术转让（National Research Counsil，2007），因此，研究型大学的工科教师除了要具备前一章所归纳出的基本能力和素质，还要在3种职能之间寻求一种平衡。本节将通过分析研究型大学工科教师队伍职能的关系，讨论他们应该具备的特点。

一 教学与科研

卡内基基金会对研究型大学的定义的历次修订中，虽然一直强调研究的重要性，但增加了关于"学科齐全的本科教育"的要求。这是一个重要的信号，研究型大学在发展过程中过于强调研究，对教学，特别是本科生教学有所忽略，这违背了大学作为一个教育机构的基本使命。教学作为大学最初也是最重要的职能，要求教师也将教学作为最根本的任务。

而研究却对工科教师自身和研究型大学有着巨大的吸引力。研究能给教师和学校带来声誉和经费，因为大学被社会评价（例如各种大学排行榜）以及大学评价教师，都在很大程度上以大学或教师的科研水平为标准。中美两国的大学财政体系虽然有很大的不同，但是两国的研究型大学每年所获得的各种经费中，投向科研的经费都是最多的。相对于"百年树人"所需付出的漫长时间，科研立竿见影的效果很快吸引大学教师投入了大量的时间。"学者们一般认为研究比教学更有价值……教学不能马上在本校得到同行评价，更受不到别的学校的同行的评价。而研究则不同，成果一经发表，学术成就就像硬通货一样，能够被校际或国际同行们所衡量和评价。"（德里克·博克，1991）这就引发了工科教师教学和科研工作的矛盾，也是他们作为教育者和研究者两种角色的矛盾。

事实上，教学与科研的关系本身是相辅相成的。开创大学研究职能的柏林大学在建立时就确立了"科研与教学相统一"的原则。"学术不只意味着进行研究，它应该包括四个不同又相互联系的功能，即探究的学术、整合的学术、应用的学术和教学的学术"（欧内斯特·博耶，2002）。正如上一章所提到的，工科教师应该参与工程教育研究来提高自己的教学水平，教学本身就是一项研究。研究能够为教学提供最前沿的内容，推动教学改革，提高教师的教学水平；反过来，教学也能促进研究的发展，科研出现在大学正是源于教学的需求，教师为了探究高深的知识而主动进行科学研究，为科研的发展提供了不竭的动力，教学的过程传播了科研精神和科研成果，同时教学过程中师生互动往往可以撞击出思想的火花，启发科研工作的新思路（翁路英，2009）；教学还是训练科研后备人才的重要途径。

进入新的世纪，随着知识经济时代的来临，国家的综合竞争力将越来越取决于科学技术的进步和知识创新的水平，而研究型大学凭借其教师的智力优势和研究能力，在其中扮演了重要的角色。可以说，大学研究职能的增强，是这个时代必然的结果，大学的评价体系和国家的拨款政策只是顺应了这一趋势。

平衡二者的矛盾需要很多层面的努力，从大学管理的角度，要建立教学和科研有效结合的评价体系，认可教师参与教学工作的成果。从教师个体的角度，要提升对教学工作的重视，将研究成果运用到教学中，并积极参与教育研究。这些思路和建议已经在很多研究中被提出来。从工科教师队伍作为一个组织的角度，同样可以通过组织中个人角色的调整和任务的分工，实现教学和科研的平衡。

当科研成为一种独立的大学职能时，其内涵就已经超越了最初为教学服务的出发点。大学承担的科研项目中，有相当大的一部分是为国家发展和企业需求服务的，属于应用研究，而学生并不是这类科研直接服务的对象，虽然他们也能受益于这样的研究，但与最初产生在欧洲大学通过研讨班或教学实验室的形式发现和创造新的知识有很大的不同。（埃兹科维茨，2008）按照人力资源管理的理论，组织是由不同的工作岗位构成的，每个岗位都需要相应的人员来承担（加里·德斯勒，2007）。新的职能的产生和不断加强，需要教师队伍在数量和结构上产生应对的措施。

首先，新增的职能和岗位要求增加工作人员的数量。体现在教师队伍上，在坚持"教学与科研相统一"的原则下，如果仍然要求所有教师都同时参与教学和科研工作，应该增加教师的数量或者减少学生的数量，也就是降低生师比。教师的工作量过大是当今各国大学普遍存在的现象，降低生师比能够保证教师的整体工作量维持在一个合理的范围之内。研究型大学的生师比相对于其他类型的大学来看，都比较低，就是一个很好的证明。在下一章，我们将具体研究工科专业的生师比，看工科教师队伍是否符合这一需求。

其次，分化教师的工作岗位。正如上文所述，应用型的科研是大学的一种新的职能，实际上需要新的工作岗位来实现，这种岗位与严格意义上的"大学教师"已经有了不同，现行的以科研水平为核心标准评价大学教师的指标体系实际上是评价科研人员的绩效标准。研究型大学为了完成这种新的工作，应该设置新的岗位。当前，中美研究型大学里单独的研究人员序列就是这种新岗位的体现。这些岗位更倾向于按照企业管理的模式，以科研项目合同为设岗的基础，在专任教师队伍之外聘任专职的研究人员，很少或基本不参与教学，将应用研究的职能分化开。另外，研究型大学还通过设置助教的岗位来分化教学的职能。在19世纪中叶的德国大学，就出现了教师利用高年级学生指导低年级学生，同时培训大批学生，这种模式在大学的理工科教学中一直沿用至今（埃兹科维茨，2008）。助教分担了教学中比较基础的部分，减少了专任教师的工作量。这两种类型的工作岗位在当今研究型大学中大量存在，为研究型大学职能的实现做出了很大的补充和贡献，但由于其流动性较强，在科研和教学中并不占主导地位，因此本书不会重点研究这一类型，而仅将其作为一种趋势提出来。

再次，提高对专任教师的质量和结构要求。

从大学办学效益的角度看，生师比的降低有一定的限制，专任教师的相对数量仍然需要保持在一个合理的范围之内。而专职研究人员和助教承担的工作也是有限的，专任教师队伍仍然是研究型大学工科系的核心力量。研究型大学在国家创新和科技进步中发挥的重要作用，主要应体现在具有原创性和探索性的研究领域，这就要求研究型大学中的专任教师具备更高的素质和能力。教师不仅要具备深厚的专业基础和高水平的科研能力，而且需要对本专业前沿领域和发展方向有很好的把握，及时把前沿科学发展体现到教学中，并且有一定的管理和领导能力，能够带领一个学术团队的发展。反映在教师队伍的结构上，应该提高高层次教师的比例，例如，增加教授的比例，增加获得博士学位的教师人数，具有丰富工程实践经历的资深教师。

二　科研与服务

研究型大学的工科教师的社会服务主要是体现在参与工业企业的工

作，也有一小部分教师参与学校和社区的管理工作以及政府部门和专业学会等非政府组织的服务工作。大学服务社会是"出于生存的需要和自己的利益，自觉地对外界的愿望和需求做出反应"（Kerr，1963），工程教育及其研究与工业生产的天然联系，更是促使大学积极参与企业的工作。

科研与服务职能具有天然的契合点。工科教师利用自身的优势，开展与企业间的合作研究，为企业培训人才并提供咨询服务，帮助企业建立研究实验室，向企业输送高等学校的知识，新的发明和技术，学校培养出来的人才，解决企业生产中实际问题的方法。企业则向高校提供大量的研究经费和技术发展需求信息，为高校教师和学生参与工程实践创造了良好的条件。二者形成互惠互利的良好关系。

但这种良好的关系也随着大学与企业之间关系越来越密切而产生了问题。最初，大学的学术活动与企业的商业活动是分开的。双方的合作主要是由公司向大学研究者提供资金和设备以支持工程教育。大学的教师则按照企业的要求开展研究，并将学生送到企业作为学术训练的一部分，二者的交往有清晰的边界，而且比例很小。随着二者关系的日益密切，大学和大学教师直接参与到商业化的过程中，比如大学建立科技园，进行房地产开发和公司孵化；教师个人成为公司董事会的成员或股东，担任管理职务甚至直接创建公司。大学和大学教师逐渐承担起经济发展的任务，通过市场获得学术研究中产生的知识产权的价值。美国著名学者埃兹科维茨将这个过程称为"大学从封建模式向资本主义生产模式的转变"（埃兹科维茨，2008）。

大学和大学教师开始扮演创业者的角色，这就与传统的学术角色发生了冲突。虽然从学术研究中创立的公司为研究提供了新的资源和想法，但它仍然会造成与履行学术责任的矛盾。

首先是时间上的冲突。参与企业咨询或者直接创业所利用的科研成果实际上也是上一节所提到的广义的科研，即与教学产生矛盾的科研活动，而不是最初与教学相统一的科研活动。因而也占用了教师履行教学和基础研究职能的时间，受到很多的批评。但参与咨询活动可以让教师把在实践中获得的知识带回到课堂，使课堂内容更加丰富生动，一些著名的研究型大学还通过与企业的密切关系开发出实践性很强的经典课程，促进了教学，与教学的使命达成了一致。

其次是经济上的冲突。纯科学研究不同于企业研究，它不能通过研究的发现获得直接的经济收入（Carty，1917）。在国家拨款有限的条件下，大学只有大量参与这样的经济活动来支持学术研究的开展。社会服务将教师的身份分为学术和商业两个部分。作为学者，教师要在公开刊物上免费公开科研成果，共享新的知识；作为咨询者，教师是商人，要将知识有偿转让给企业，很多教师为了获得更多的经济收入而大量参与社会服务和创业活动；而且通过论文发表来传播知识的方式被技术转让所延迟，科学信息的自主权也受到了经济效益的影响。后来，研究型大学纷纷建立专利权制度来缓和这种冲突，既能够保护教师和学校的利益，又能够避免因为知识保密而阻碍大学传播知识的重要使命。

最后，是对大学和教师伦理道德的挑战。很多人担心大学参与经济活动会使它丧失独立性。学术自由是大学的核心理念之一，受到经济因素驱动的大学研究实际上已经丧失了一部分学术自由，更有一些个别的教师和学校为了经济利益而违背科学道德，完全背离了大学的精神。当大学教师参与社会服务影响到学校的正常教学科研活动时，很多学校开始限制咨询创业等活动。例如，麻省理工学院在20世纪30年代提出的"五分之一原则"，认可了创业活动在大学中的合法地位，但要求教师每周只有一天的时间可以用于企业活动（埃兹科维茨，2008）。国内大学鼓励技术转让，但对教师直接参与企业活动仍然持保留态度。而且在实际生活中，这些制度和原则的实施都存在非常大的弹性，各国的研究型大学都不能真正把学术活动和商业活动的界限划分开来。解决这个矛盾，最根本的还是需要依靠教师个人的自我约束。

从这样一些矛盾我们同样可以看出，研究型大学的工程教育对教师提出的一些要求：

教师必须有高尚的职业道德和良好的职业素养。怀着对教育事业的强烈责任感和崇高的使命感，合理调节教学、科研和社会服务的关系。参与社会服务，特别是企业活动是研究型大学工程教育的一个重要方面，这是工科教师了解科技发展前沿和社会需求的重要途径。因此，从工科教师队伍的角度看，研究型大学应该有一部分具有企业实践经验的教师，在发展他们学术生涯的同时，保持着他们与企业的联系。工科教师应该了解与企业活动相关的经济、管理和法律知识，具有创业的基本能力。

第三节　研究型大学工程教师队伍的整体要求

在前三章的基础上，我们通过工程教育发展的历史、当代工程教育的发展趋势以及研究型大学工程教育的特殊性分析了工科教师队伍所应该具备的特点。

工程教育发展的历史是工程教育在工程实践、通识教育和科学研究3个不同的重心之间寻求平衡的过程。工科教师队伍也随之有不同的人员构成和职能特点。整个教师队伍也不断变得多元化，以满足工程教育不同方面的需要。

当代工程教育在全球化经济和国家综合国力竞争的背景下获得了很大的发展动力，成为高等教育领域的一个重要学科，其自身也呈现出很多时代的特点。为此，作为工程教育主体的教师也就需要具备更高的综合素质，顺应时代的变化。

研究型大学是高等教育的"领跑者"，要培养工程科学领域研究开发型的高层次工程技术人才和开展高水平的工程科学研究。研究型大学由于其在社会发展中的特殊地位，在实现大学教育、科研和社会服务三大职能时面临了更多的矛盾，正是这些矛盾提出了对研究型大学工科教师更高的要求。

本书在前人对大学教师能力素质的研究基础上，结合前三章对工程教育特殊性的分析，总结出研究型大学工科教师的知识、能力和素质的要求（见表4-1）。

表 4 − 1　研究型大学工科教师的知识、能力和素质要求

类别		具体要求
知识		精通本学科相关的基础科学和专业知识,了解学科发展的前沿和趋势。 熟悉本学科领域内各方向知识之间的关系,并能够在教学活动中体现出来。 有个人专长的方向和领域,具有学术权威性。
能力	教学能力	具有从事教师职业所需要的语言表达、教学设计、组织和管理能力。 积极参与教育研究,了解学习认知的相关理论,为教学实践提供理论支撑。 掌握现代教育技术和方法。 有多语言授课的能力。
	研究能力	具备高水平的研究能力,掌握本学科相关的研究理论和方法。
	工程实践	具有对新产品、新工艺、新技术和新设备进行研究、开发和设计的综合能力。 具有一定的工程实践经历。
	领导能力	具有领袖的态度、价值观和领导的能力。 能独立负责教学科研项目的工作,并在学科建设中发挥引领的作用。
	人际交往	能够很好地与学生和同行沟通,清楚地阐述自己的观点。 在国内外学术会议和社会服务中,能够用不同的语言和方法表达自己的观点。
	团队合作	能够与同行合作开展教学和科研工作。 能够在团队中发挥自己独特的知识能力优势。 能够在跨学科与跨文化的环境中工作。
	终身学习	密切持续关注本学科的发展,了解本学科的前沿研究和未来发展前景。 接受新的技术和方法,并且预见它们对未来发展的影响。
	创新能力	在教学、科研和社会服务中具有可持续发展的眼光,对未来有预见性。
	服务能力	积极参与和推动科研成果转化。 为政府和企业提供专业的咨询和服务。
素质	人文素养	具有广博的知识。 了解经济、管理和法律知识和政策。
	社会责任	对社会与环境有强烈的悟性。 了解社会的需求、问题和机会。 对教育事业有强烈的责任感。
	职业道德	具备为科学研究奉献的精神。 具备研究的持久性和专注性。 遵守学术规范,坚持科学真理。

第四节　本章小结

　　本章从研究型大学的目标和定位入手，分析了研究型大学工程教育的特点。研究型大学的工程教育是整个高等工程教育的领跑者，要培养研究开发型的高层次工程技术人才，开展高水平的工程科学研究，在服务国家重大工程项目方面也承担了重要的任务。中美两国研究型大学的工程教育有很长的历史，尤其在二战之后科学教育兴起的背景下获得了巨大的动力，在工程科学研究方面取得了很大的成绩。近来，随着工程教育与社会和企业关系的密切，美国一些以工科见长的研究型大学还形成了创业型大学这种新的模式。

　　这些发展特点使研究型大学的工程教育在教学、科研和社会服务中面临着很多新的挑战和矛盾，也对工科教师提出了更高的要求。研究型大学的工科教师必须掌握学科前沿知识、具备全面的综合素质和能力以及高尚的职业道德。

　　本章还在前三章的基础上，总结了工程教育对工科教师的全面需求，归纳出研究型大学工科教师的知识、能力和素质的质化结构框架。

第五章
中美研究型大学工科教师的生师比

从第五章开始，本研究将分别从生师比、教师的年龄、学历、学缘、学衔和工程实践经历等 6 个方面讨论研究型大学工科教师的量化结构。每一部分仍然按照教育组织文化的 3 个层次逐层展开，首先从中美两国高等教育的整体教师和工科教师的数量和结构入手，分析两国工科教师在数量上的特点；进而探讨研究型大学工科教师的结构特点。在归纳出研究型大学工科教师队伍的结构特点的基础之上，分析研究型大学工科教师队伍的优势与不足，并从组织文化的角度解释其形成的原因和背后的制度支撑，最后提出优化教师队伍结构的建议。这样一种层层剖析的框架，既能够清楚地勾勒工科教师队伍从工程学科、研究型大学以及整个教育体系所继承的共同的文化背景，又能够便于发现研究型大学工科教师队伍的独特之处，使原因分析与政策建议更加有针对性。

第五章将首先从生师比和教学科研的工作量需求入手，分析中美研究型大学工科教师队伍的数量特点。

第一节　生师比的定义和计算

生师比是许多国家及国际教育组织都采用的一个衡量教育质量和办学效益的统计指标，是为数不多的能够进行国际比较且容易获取的指标。虽然它并不能全面地对教学做出评价，但它直接测量教师的"教学任务"，与教学质量水平有非常紧密的联系。它是一个相对的数量，假设学生规模是一个合理的数量，符合教育发展的规律并且能够满足社会经济发展需求，那么生师比能从数量上反映出教育对教师的需求。生师比表明了一个教师平均负担的学生人数，应该控制在一个合理的区间之内，既不能过低而产生教师资源的浪费；也不能过高，造成教师在每个学生身上平均花费的时间过少，影响教学质量。

通常来讲，生师比是在指定的年份和指定的教育层次中，学生人数与同一年及同一教育层次工作的教师人数之比（顾明远，1998）。虽然生师比的概念并不难理解，但它的计算方法却有很多，主要是对学生和教师范围的认识不同，从而造成计算结果存在很大的区别。

例如，按照中国教育部 2004 年印发的《普通高等学校基本办学条件指标》（中华人民共和国教育部，2004）规定：

$$生师比 = 折合在校生数 / 教师总数 \qquad (5-1)$$

其中，

$$\begin{aligned}折合在校生数 = \ &普通本、专科（高职）生数 + 硕士生数 \times 1.5 + \\ &博士生数 \times 2 + 留学生数 \times 3 + 预科生数 + 进修生数 + \\ &成人脱产班学生数 + 夜大（业余）学生数 \times 0.3 + \\ &函授生数 \times 0.1 \qquad (5-2)\end{aligned}$$

$$教师总数 = 专任教师数 + 聘请校外教师数 \times 0.5 \qquad (5-3)$$

这是一个比较全面的生师比计算方式，既考虑了培养不同层次的学生对教师工作量的需求，也考虑了专任教师和兼职教师投入的不同。

教育部同时在《普通高等学校基本办学条件指标》规定，大部分普通高等学校的生师比都应该控制在 18∶1 左右（医学、艺术、体育院校略低于这个数）（中华人民共和国教育部，2004）。在该《指标》中，生师比是按照公式 1 至公式 3 计算的，教师队伍包括了聘请外校教师的数量。由于在众多的统计数据中，很少包括聘请外校教师的数量，且外校教师的工作时间很难衡量，容易影响计算的结果。教育部还规定原则上高校聘请校外教师数不超过专任教师总数的 1/4，因此，可以推算不包含外聘教师的生师比按合格标准约为 16∶1。

英国 QS（Quacquarelli Symonds）公司在对全球大学进行排名时，生师比指标采用全日制当量（Full-time-equivalent，FTE）的学生与全日制当量的教师之比。学生数分别计算本科生和研究生的数量，也有因为数据原因而采用全体学生数的；而教师数则是教师总数。（Morse，2010）比较理想的情况是将教学和研究的教师分开计算，生师比采用前者，而后者主要用于统计科研水平。但很多国家和学校并没有公开的数据，给研究造成一定的困难。

美国各大学每年需要编制《通用数据（Common Data Set，CDS）》，其中的数据和定义的主要依据是美国教育部的大学调查，目的是为高等教育的利益相关者提供准确与清晰的数据，也减少学校每年上报各种数据的负担。《通用数据》对生师比的定义是全日制当量的学生与教学教师之比。全日制当量的计算方法是全职的教师或学生加上 1/3 的兼职教师或学生。教学教师包括教授（professor）、副教授（associate professor）、助理教授（assistant professor）、讲师（instructor，senior lecturer and lecturer）等序列。统计中不包括延期毕业的学生以及专业教育（如医学、法学、兽医学、牙医学、社会工作、商学和公共健康等）中的师生，因为这些专业的教师通常只参与研究生阶段的教学。因此，CDS 中生师比的统计范围主要是有本科生的院系。从数据可以看出，大学所公布的生师比一般都是本科在校生与教学教师的比值，因而从数值上看非常低，与中国教育部常用的生师比概念不同。如普林斯顿大学 2013 年生师比为 6∶1[①]，同年斯坦福大学为 5∶1[②]，加州理工大学为 3∶1。[③]

但即使是同一所学校，QS 和 CDS 同一年的数据也存在很大的差距，例如 2006 年，美国 4 所顶尖大学给两个统计机构上报的数据（见

[①]　Facts & Figures of Princeton，http：//www. princeton. edu/main/about/facts/.

[②]　Stanford University Common Data Set 2012－2013，http：//ucomm. stanford. edu/cds/2012.

[③]　Caltech at Glance：http：//www. caltech. edu/content/glance.

表 5 - 1）。由于 CDS 不统计专业教育的教师，因此像哈佛大学这样有较大规模的商学院、医学院和法学院的学校，在不同的数据库中就会出现较大的不同。因此，讨论生师比并不简单地是比较数字，更重要的是统一计算的方法和数据来源。

表 5 - 1　2006 年 QS 和 CDS 公布的美国四所大学教师人数

学校	QS 公布的教师人数	CDS 公布的教师人数
哈佛大学	3788	1564
耶鲁大学	2902	1100
斯坦福大学	1758	1028
普林斯顿大学	825	825

为了保证数据的统一性，方便国际比较，同时也考虑数据获得的可能，本研究分别计算本科生和研究生与专任教师的生师比，计算公式为：

$$普通高校本科生生师比 = 普通高校本科在校生数 / 普通高校专任教师总数 \tag{5 - 4}$$

$$普通高校研究生生师比 = 普通高校全日制研究生在校生数 / 普通高校专任教师总数 \tag{5 - 5}$$

其中，中国整体的专任教师采用教育部公布的数据，各学校和院系的专任教师包括在编的全职教授/研究员、副教授/副研究员和讲师/助理研究员之和。另外，美国各学校专任教师数采用 CDS 的数据，各院系的教师包括全职的教授（professor）、副教授（associate professor）、助理教授（assistant professor）和讲师（lecturer or senior lecturer）。

本章的数据主要来自教育统计部门的数据。具体到每个学校的数据，部分学校有官方统计，部分为本研究的调研数据。调研数据的方法是按照各学校及院系的官方网站所公布的教师简历计数。大部分学校都没有公布工科教师数量，笔者从大学及各院系的年鉴、网站和其他文献中获取属于《学科目录》中工科专业的数据，再进行求和。有的学校或专业的网站更新频率比较低，仍然保留几年前的数据，对统计造成了一定的影响，但本研究认为这种滞后基本不会改变总体的趋势和性质，因为高校，特别是中国的高校，教师队伍的流动性非常小。

从文献的角度看，已有的一些研究采用了访谈和问卷的形式，调查被访者对研究生生师比合理区间的看法（谢作栩等，2007）。笔者认为这种访谈和问卷的可重复性不够大，而且被访者对生师比概念的理解存在很大的不同（事实上，即使用统计数据计算生师比，也有很多不同的方法，计算结果也存在很大差异），因而结果的一致性不够高。本研究将这些方法和结论作为参考，而主要以实证数据作为主要研究基础。

第二节　中美普通高等学校及
工科专业生师比概况

1999 年我国高等教育扩招以来，高等教育发展迅速，高等教育规模大幅度提高，高校教师队伍也经历了一个较大的增长，2008 年高校专任教师数量为 1998 年的 3 倍。但由于本专科在校生人数增长了近 6 倍，研究生人数增长了 6.5 倍（见表 5 - 2），都高于高校专任教师数量的增长速度，直接导致了生师比的增长。虽然扩招增加了我国高等教育的办学效益，挖掘了教师资源的潜力；但另一方面，每一名老师所需要面对的学生人数的增加，也在一定程度上导致教师在每一名学生身上所花的时间的下降，对教学质量造成影响。

表 5 - 2　1998 ~ 2012 年全国普通高等学校本专科生和研究生生师比

年份	本专科在校人数	研究生在校人数	专任教师数量	本专科生生师比	研究生生师比
1998	3408764	185065	407253	8.37	0.45
1999	4085874	218650	425682	9.60	0.51
2000	5560900	283913	462772	12.02	0.61
2001	7190658	371631	531910	13.52	0.70
2002	9033631	500980	618419	14.61	0.81
2003	11085642	651260	724658	15.30	0.90
2004	13334969	779408	858393	15.53	0.91
2005	15617767	932711	965839	16.17	0.97

年份	本专科在校人数	研究生在校人数	专任教师数量	本专科生生师比	研究生生师比
2006	17388441	1056283	1075989	16.16	0.98
2007	18848954	1143637	1168300	16.13	0.98
2008	20210249	1230945	1237451	16.33	0.99
2009	21446570	1404942	1295248	16.56	1.08
2010	22317929	1538416	1343127	16.62	1.15
2011	23085078	1645845	1392676	16.58	1.18
2012	23913155	1719818	1440292	16.60	1.19

资料来源：中华人民共和国教育部，《教育统计数据》，1998～2012 年，http://www.moe. edu.cn/edoas/website18/level2.jsp? tablename=1020。中华人民共和国教育部规划司，《教育发展统计公报》，1998～2012 年，http://www.moe. edu.cn/edoas/website18/level2.jsp? tablename=1068

　　从生师比看，本专科生和研究生的生师比在 10 年间都翻了一倍，相当于教师的教学工作量增加了一倍。按照教育部对高校生师比的规定，仅计算本科生数量，生师比就已经达到了教育部规定的上限（16∶1）。从这一点来讲，中国普通高校的教师工作量已经接近极限，或者说教师数量缺乏。

　　生师比的增长在每个学科之间存在很大的差别，我们再来看看占中国高等教育规模最大的工科的情况。用同样的方法计算全国普通高校工科的生师比（见表 5－3）。

表 5－3　1998～2009 年中国普通高等学校工科本专科生和研究生生师比

年份	本专科在校人数	研究生在校人数	专任教师数量	本专科生生师比	研究生生师比
1998	1354580	79609	113425	11.94	0.70
1999	1613300	93427	117940	13.68	0.79
2000	2148329	123351	127758	16.82	0.97
2001	2491193	146013	141908	17.55	1.03
2002	3084999	197278	—	—	—
2003	3693401	255713	—	—	—
2004	4376167	302296	231605	18.89	1.31

续表

年份	本专科在校人数	研究生在校人数	专任教师数量	本专科生师比	研究生生师比
2005	5477207	351921	260059	21.06	1.35
2006	6143918	394159	292053	21.04	1.35
2007	6720538	416387	318014	21.13	1.31
2008	7272009	441458	338103	21.51	1.31
2009	7741552	474170	366998	21.09	1.29

说明：从 2010 年开始，不再公布分学科专任教师数，因此本表仅统计到 2009 年。
资料来源：同表 5 - 2。

与其他学科相比，中国普通高校工学的生师比是较高的学科之一。2000 年以后，工学的本专科生师比就一直超过了教育部规定的合格标准，而且呈现持续上升的趋势。从全国的角度看，我国的工科教师数量严重不足。以 2008 年为例，要使全国普通高校的工学本专科生师比达到合格的 16：1 的标准，专任教师数量应达到 454500 人，为当年实际专任教师数的 1.3 倍。这还不包括研究生的培养，工学研究生的生师比数量也远高于全国整体水平，说明普通高校的工科教师研究生培养的工作量也非常大。

同时，中国工程院的研究显示，在我国现有的国家经济发展水平下，我国的大学生数量还不能适应社会的迫切需要，而工业系统职工人数中大学毕业生的比例还很低，远低于工业发达的国家，反映了工程教育与经济发展之间的不协调。因此，虽然工科已经是我国高等教育中规模最大的一个部分，但很多学科仍然有扩大规模的必要性，在未来的一段时间内保持较稳定的增长（中国工程院，2007）。如果继续保持当前的工科教师规模和增长速度，工科的生师比还会继续上升。为了保证工程教育的质量，工科教师的数量应该有一个较大幅度的增加。

进入 21 世纪，美国的高等教育规模呈缓慢增长的趋势。2010 年本专科和研究生在校生人数较 1998 年分别增长了 48.8% 和 41.8%，而专任教师的数量也随着学生数量的增长而增长，甚至增长速度高于学生。因此，无论是本专科层次还是研究生层次的生师比，在近 10 年之间的比值都比较稳定，本专科生生师比在 14∶1 左右，研究生生师比在 2∶1 左右。相对于中国来说，美国高等教育的教师资源是稳定而充足的（见表 5 – 4）。

表 5 – 4　1998~2010 年美国授学位高等学校本专科生和研究生生师比 *

年份	本专科在校人数	研究生在校人数	专任教师数量	本专科生生师比	研究生生师比
1998	14506967	2072275	989813	14.66	2.09
1999	14791224	2109993	1027830	14.39	2.05
2000	15312289	2156896	—	—	—
2001	15927987	2212377	1113000	14.31	1.99
2002	16611711	2354634	—	—	—
2003	16911481	2426587	1174831	14.39	2.07
2004	17272044	2491414	1211800	14.25	2.06
2005	17487475	2523511	1290426	13.55	1.96
2006	17758870	2574568	1314506	13.51	1.96
2007	18248128	2644357	1371390	13.31	1.93
2008	19574395	2737076	1476775	13.25	1.85
2009	20966826	2862391	1439144	14.57	1.99
2010	21588124	2937454	1565504	13.79	1.88

说明：美国 2 年制高等学校一般授予副学士学位，相当于我国的专科。在校生人数包括所有全日制和非全日制学生，专任教师数也采用了全职和兼职教师数量总和，没有折算成全职当量。研究生还包括专业学位的学生。

资料来源：

Digest of Education Statistics 2011, National Center for Education Statistics, 2012, Table 196

Digest of Education Statistics 2010, National Center for Education Statistics, 2011, Table 195, 214

Digest of Education Statistics 2009, National Center for Education Statistics, 2010, Table 188, 189, 249

Digest of Education Statistics 2005, National Center for Education Statistics, 2006: Table 169

Digest of Education Statistics 2004, National Center for Education Statistics, 2005: Table 170

Digest of Education Statistics 2003, National Center for Education Statistics, 2004: Table 173

Digest of Education Statistics 2002, National Center for Education Statistics, 2003: Table 171

Digest of Education Statistics 2001, National Center for Education Statistics, 2002: Table 171

　　美国的工程教育是高等教育中一个重要的学科，但从规模上来看，比例一直都比较小。2003 年工程学科本专科在校生人数为 556000 余人（Snyder，2010），仅占当年全部本专科人数的 3.3%；工科研究生数量在 1998 年到 2008 年之间一直保持 5% 左右的比例。2003 年，工程学科的教师数量为 47400 余人，占当年教师总数的 4% 左右。因此当年工科本专科生师比 11.73∶1，工科研究生生师比 2.69∶1。工科专业的本专科人数较少的原因之一是美国很多大学的本科在第一年甚至全部四年都不分专业，工程专业的很多课程是作为通识教育来开设的，这体现了工程教育在美国高等教育体系中的性质。其二，由于美国工程教育的吸引力在下降，工科招生的人数增长较小，而工科教师队伍的规模比较稳定，反而使生师比下降。工科研究生生师比高于全国整体水平，说明工科研究生的数量相对较多，体现了科学研究在美国工程教育中的重要地位。其三，中美两国在划分某些专业的类别时有所不同。例如计算机科学与工程，在中国一般被纳入工科，而美国大多数学校都将其归入理学院。

对比中美两国，中国在 10 年间本专科人数由不足美国的 1/4 到超过了美国的 5%，研究生的规模虽然也增长较快，但在数量上还是远远低于美国的水平。从现有教师数量来看，本科生的规模已经趋于饱和，而研究生还有扩大规模的潜力。换句话说，如果中国的本专科招生人数继续扩张，那么必须增加教师数量，对工程教育更是如此。美国的工科教师数量相对充足，还能承担更多的本专科生，以美国现有的工科教师数量，如果工程教育能够吸引足够多的学生，美国的本专科层次的工程教育规模还可以扩大。

第三节　中美研究型大学工科专业的生师比

本节将以中国的清华大学和美国的麻省理工学院为例，讨论两国研究型大学工程学科的生师比情况及其规律。

两校的工程学科分别都是全校规模最大的学科类别。清华大学工程专业本科和研究生在校生人数分别占全校总人数的 60% 和 40%，工科教师数占全校教师总数的 59%。麻省理工学院工科在校生人数约占全校总人数的 45%，工科教师占全校教师总数的 36%。

表 5-5 是清华大学各工科院系本科生和研究生层次的生师比。

表 5-5　清华大学工科各院系本科和研究生生师比

		本科生	研究生	教师合计	本科生师比	研究生生师比
全校总计		14608	17035	2923	5.00	5.83
工科小计		8905	6886	1730	5.15	3.98
建筑学院		555	443	116	4.78	3.82
土水学院		858	582	168	5.11	3.46
航天航空学院		362	378	88	4.11	4.30
机械学院	机械系	363	225	63	5.76	3.57
	精　仪	599	555	133	4.50	4.17
	汽　车	365	257	48	7.60	5.35
	热　能	357	263	63	5.67	4.17
	工业工程	283	253	26	10.88	9.73
信息学院	电子系	1056	848	136	7.76	6.24
	微电子所	123	442	84	1.46	5.26
	软件学院	252	347	30	8.40	11.57
	计算机	698	931	104	6.71	8.95
	自动化	660	570	92	7.17	6.20
电机系		498	425	89	5.60	4.78
环境系		359	338	74	4.85	4.57
材料系		342	346	60	5.70	5.77
工物系		606	295	85	7.13	3.47
化工系		453	306	69	6.57	4.43
核研院		—	234	192	—	1.22

资料来源：学生数据来自清华大学校长办公室，《清华大学统计资料简编（2009 年度）》2010 年 4 月，内部资料。教师数据来自各院系统计。

和全校整体水平相比，清华大学各工科院系的生师比差距较大。本科生生师比最低的系（微电子所）和最高的系（工业工程系）相差 6.5 倍，研究生最高（软件学院）和最低（核研院）的工科院系相差 8.5 倍。少数院系的本科生生师比和大多数院系的研究生生师比低于全校和工科整体水平，说明大多数工科院系的本科生培养工作与全校平均水平相比较多，而研究生培养任务较少。结合各单位的实际情况，可以从生师比看出各院系的本科教学与研究生培养和科研工作的比重。有些院系本科生教学任务较重，例如材料系与工物系等；有的则更偏向于研究生培养，其研究生数量超过了本科生数量，例如航空航天学院与信息学院的大部分系所等。工业工程则由于教师数量过少，本科生和研究生培养的任务都非常重。

　　图 5 - 1 和图 5 - 2 用散点图表示了清华大学工科各院系的本科生和研究生的生师比，其中实线表示根据数据拟合出来的一条趋势线，其截距为 0，斜率是所有工科院系的平均水平。假设趋势线能够反映学校工程教育的整体定位，在趋势线右下方的点所代表的院系，教师在科研上投入较大，左上方的院系教师的本科教学或者研究生培养工作比较重。每个点与原点连线的斜率与趋势线斜率相差越大，表明生师比偏离平均水平的相对值越大。

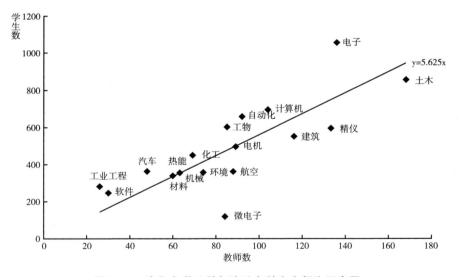

图 5 - 1　清华大学工科各院系本科生生师比示意图

　　从图 5 - 1 和图 5 - 2 来看，清华个别院系的生师比偏离平均水平比较多。有一些是由于院系的定位原因，比如核能与新能源技术研究院，它没有本科生专业，研究生的人数也比较少，因此生师比很低，教师的工作大部分是完成科研项目。另一些院系的偏离则说明学生和教师的数

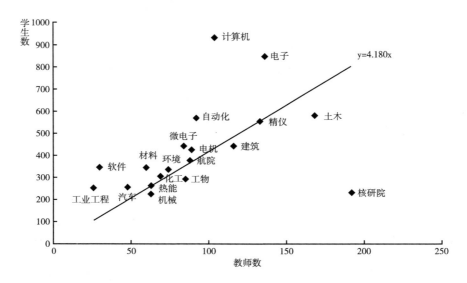

图 5 - 2 清华大学工科各院系研究生生师比示意图

量有不合理的因素。作为大学的工科院系来讲，教学始终是根本的任务之一，教师的工作量在教学和科研之间应该保持一种平衡，既要提高办学的效益和保证办学质量之间保持一种平衡。从这个意义上来讲，微电子所、航空航天学院和精仪系等本科生数量略显不足；而汽车工程、工业工程、软件学院和电子工程等系的本科生规模稍显庞大。从研究生看，土木、工物和机械的研究生数量偏少；软件学院、工业工程系、计算机系和电子系等单位的研究生数量比较多。

　　学生的数量与教师数量是相对应的，上文所提到的学生规模过多或者过少是以教师数量作为参考标准的。换句话说，如果要保持现有的学生规模，院系可以通过教师数量的调节来实现教育质量和效率的平衡。例如电子系和工业工程系，通过分析发现其本科生和研究生数量都偏多，也可以认为电子系的教师数量目前还显得不足。对于本科和研究生生师比与工科平均水平相比呈现不同趋势的院系，例如工物系和微电子所等，则应该更加明确院系的发展方向，适度调整本科生和研究生数量的比例。

　　麻省理工学院的工科生师比与全校整体水平基本持平，个别工科系比较特殊。从本科教学来看，生师比最高的航空航天系和化学工程系是最低的核科学与工程系的 3.14 倍；研究生生师比最高的系统工程中心是最低的生物工程系的 2.58 倍（见表 5－6）。

表 5－6　2008 年麻省理工学院工科各院系本科和研究生生师比

	本科生	研究生	教师合计	本科生师比	研究生生师比
全校总计 *	4232	6152	1025	4.13	6
工程学院 **	1815	2807	561	4.93	7.63
航空航天系	190	220	35	5.43	6.29
生物工程系	180	110	36	5	3.06
化学工程系	239	260	44	5.43	5.9
土木和环境工程系	115	202	46	2.5	4.39
电子工程和计算机科学系	731	844	188	3.89	4.49
材料科学和工程系	104	211	40	2.6	5.28
机械工程系	446	448	95	4.69	4.72
核能科学与工程系	45	109	26	1.73	4.19
系统工程中心	0	403	51	—	7.9

说明：* 全校数据为 2010 年。

** 根据 MIT Report to the President 2008－2009，Dean，School of Engineering，2008 年工学院的教师人头数（headcount）为 368 人，但由于 MIT 工学院有大量双聘教授，特别是系统工程中心，几乎全部是双聘教授，所以各系教师人数总数为 561 人。此处使用各系总数。

资料来源：MIT Facts 2010，http：//web.mit.edu/facts/index.html；MIT Report to the President 2008－2009，Dean，School of Engineering，http：//web.mit.edu/annualreports/pres09/

图 5－3 和图 5－4 用散点图表示了麻省理工学院工科各院系的本科生和研究生的生师比。麻省理工学院的部分工科院系与全校工科平均值也有一些偏离，但是相对于清华来讲，偏离程度比较小，说明麻省理工学院各个系的定位比较统一，学生和教师的规模控制得比较好。

除了生物工程系以外，麻省理工学院的其他工科系的研究生数量都大于本科生。从学校整体范围来看，研究生的数量也超过了本科生，体现了学校对科研和研究生教学工作的偏重。

麻省理工学院的系统工程中心是一个比较特殊的单位，它的教师基本都是双聘的，在其他工科系还有教职。该中心没有本科生，参与一些

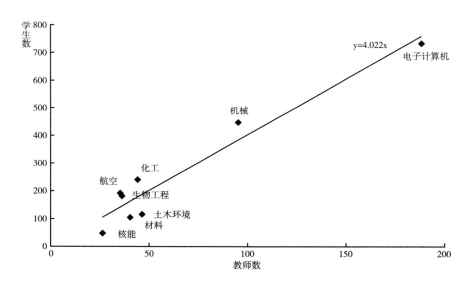

图 5-3　麻省理工学院工科各院系本科生师比示意图

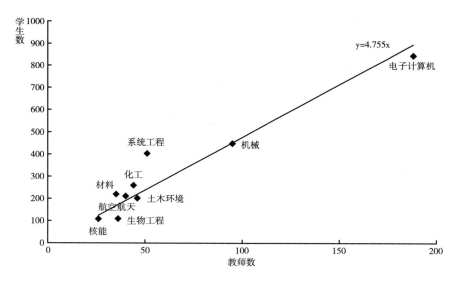

图 5-4　麻省理工学院工科各院系研究生生师比示意图

本科生实践项目和特殊培养项目，主要是研究生培养和跨学科的科研合作。

　　近年来，受到金融危机的影响，美国一些大学开始缩减全职教师数量从而减少支出，同时扩大招生规模来增加学校的学费收入，使生师比有所提高。而麻省理工学院一直坚持较低的生师比，为学校赢得了很好的声誉。在 2010 年《美国世界新闻周刊》世界大学排名中，麻省理工学院从 2009 年的第 9 名一跃进入前 5，与其保持低生师比有密切关系（Byrne，2010）。

虽然生师比被公认是衡量高等教育质量的一个重要因素，但国内外关于生师比的研究却不多，特别是对于生师比的具体数值，更是没有统一的结论。生师比过高影响质量，过低损失效率，但如何在质量和效率之间寻找到平衡，却不是一件容易的事情。生师比看起来只关系教师和学生的数量，但却受到教育系统内部和外部很多因素的影响，其合理性是一个复杂的系统问题，需要综合考虑办学成本、办学效益、教学质量和教师工作量以及学校和院系的定位和目标。本章通过数据的比较也无法提出一个合理的生师比建议，但是对研究型大学的工程教育来讲，有一些基本原则可以把握。

教师的数量要符合学校对教学和科研目标的定位。正如本书在第四章所分析的，研究型大学的工科系为了平衡教学、科研和社会服务的职能，确保教师的工作量在一个合理的范围内，应该通过增加教师数量或减少学生的做法，降低工科系的生师比。一些学校的工科系生师比过高，教师的教学工作量繁重，可能会影响科研工作；或者教师为了保证科研工作的顺利进行，面对庞大的学生数量，只能投入有限的时间，将严重影响教学的质量。

在学生内部，要控制好本科生和研究生的规模，本科生与研究生在校生的数量要基本持平，甚至少于研究生数量，从而保证教师的数量能够满足教学和科研的需求，也能确保办学的效益。

第四节　组织文化视角下的生师比

上文对中美两国高校及工程学科不同层次的生师比进行了比较。从表面上看，生师比只是衡量办学质量的众多指标之一，其重要性在不同的研究以及教育实践中有很大的不同。但我们通过不同层次的生师比比较，可以看出生师比的数量背后所体现出来的中美两国高等教育体系的组织文化对教师数量的影响。

从整个高等教育系统来看，中国近 10 年来一直在经历着高等教育规模的迅速扩大，但学生数量的增长速度，特别是本专科生的增长速度明显高于教师数量的增长，因此造成了教师资源的紧张甚至短缺。美国的高等教育发展相对比较稳定，增长速度缓慢，且教师数量的增长与学生数量的增长比较统一，甚至高于学生数量的增长速度，总的来说，教师数量稳定且资源比较充足。

中美两国不同的社会发展需求使两国工科教师的数量更加扩大了这种趋势。中国处在工业发展的重要阶段，经济增长模式还在很大程度上依赖于大量的技术劳动力，因此对工程教育的需求是巨大的。工程教育肩负着更加繁重的培养压力，使工科教师的数量更显得不足。而在美国相对充足的教师背景下，由于经济发展的阶段和模式不同，对初级的工程科技人才的需求量比较小，本专科阶段的工程教育吸引力有限，工科的生师比就更低，教师数量也显得更加充足。

另一方面，在研究生阶段，虽然在 10 年间中国研究生的规模也增长较快，但在数量上还是远远低于美国的水平。中国工科研究生的规模也是非常大的，但从研究生的生师比来看，近 10 年的平均水平较美国仍然有很大的差距，说明以现有的工科教师的数量，工科研究生规模仍然有继续扩大的潜力。对比美国本科阶段工程教育对学生的吸引力不够，却有相对规模很大的工科研究生，说明美国的工程教育更加偏重科学研究，而中国的工程教育则是为了满足社会的需求培养大量本专科层次的工程技术人才。这就构成中美两国工程教育整体在文化性上的根本差异。为了满足社会的基本需求，研究型大学也必须大量培养本科层次的工程技术人才，虽然研究型大学的工科学生有更多的机会进入研究生阶段学习，但从根本上来看，中国的工程教育更偏向技术型和职业型教育，需要向社会输送合格的工程技术人才。美国的工程教育在本科阶段以通识教育为主，研究生阶段侧重科学教育。

这种差异也直接导致了研究型大学工科教师工作重心的不同。从本章第三节的比较中可以看出，中国研究型大学工科教师面临相当繁重的本科生培养任务，而研究生相对较少。绝大多数工科院系的本科生规模都大于研究生规模，而且两个层次的生师比都较高。这就使得研究型大学工科教师教学和科研之间的矛盾更加突出，一方面在研究型大学承担了很多研究的工作，另一方面大规模的本科生专业教育必须要求教师投入足够多的精力在本科教学上。而美国研究型大学的工科教师主要承担科研和研究生培养的任务，因此即使在经济危机的压力之下，很多研究型大学也保持了较低的生师比。

第五节　本章小结

本章首先确定了计算生师比的数据来源和方法，之后以教育统计部门和学校的官方数据为基础，计算了中美不同层次工程教育的生师比，讨论了工科教师与学生数量的结构特点。

从全国的整体情况来看，中国工科专业的本科和研究生层次的生师比大大超过教育部的合格标准，而且从 1999 年开始呈现持续上升的趋势，工科专业的教师数量严重不足。美国的工程教育在进入 21 世纪后一直比较稳定，教师和学生的增长速度基本一致，教师资源稳定而充足。

之后以麻省理工学院和清华大学的工科专业为例对比了研究型大学的工科专业的生师比。从整体上看，中国研究型大学工科专业生师比很低，工科教师数量没有出现全国工科教师严重缺乏的情况，相对比较充足。但具体到工科专业，清华大学不同工科专业的生师比差异较大，而麻省理工学院各工科专业的生师比与全校整体水平基本一致。

从生师比可以看出工科专业本科教学与研究生培养和科研工作的比重。清华大学大部分工科专业的本科生生师比高于全校平均水平，同时研究生生师比低于全校平均水平，说明这些专业的教师本科生教学任务较重，而投入在研究生培养上的工作量还相对较少。麻省理工学院大部分工科院系的研究生数量都超过本科生，其工程教育更重视研究生的培养和科学研究。

本章还对两所学校具体的工科专业本科生和研究生层次的生师比数量进行了对比分析，认为清华大学部分工科专业应适当减少本科生数量，并且将学生总数控制在合理的范围之内，或者适当增加工科教师数量，从而能够更好地体现研究型大学工程教育的定位，合理调节工科教师的工作量。

在具体数据分析的基础上，本章从教育组织文化的角度，对生师比所体现出的中美两国工程教育的文化性差异进行了对比，中美两国不同的社会发展需求导致了工程教育在根本定位上的不同，中国的工程教育更偏向技术型和职业型教育，需要向社会输送合格的工程技术人才；美国的工程教育在本科阶段以通识教育为主，研究生阶段侧重科学教育。中国的工程教育肩负着繁重的实践性的工程科技人才培养压力，使教师数量的缺口更大；研究型大学的工科专业也有相当大的学生规模，加剧了教师在教学和科研工作中的矛盾。美国本科阶段工程教育对学生的吸引力不够，工科研究生规模相对很大，为工程学科的科学研究提供了丰富的资源，也使得研究型大学的工科教师有更多的精力投入到科学研究中。

第六章
中美研究型大学工科教师的年龄、
学历和学缘结构

本章将从年龄、学历和学缘 3 个方面分析中美两国研究型大学工科教师的结构特点，并探索每个特点背后所隐含的组织文化意义。

第一节 研究型大学工科教师的年龄结构

一 年龄结构的含义及中美高校教师队伍年龄结构概况

年龄结构是指教师队伍中不同年龄段成员的比例构成状况。年龄是个人生理功能的重要标志，也是个体知识积累多寡与智力发挥好坏的标志。教师的年龄结构在某种程度上决定着教师队伍效能的发挥，是高等教育体系制定教师招聘、保留、聘任和退休政策的重要依据（顾明远，1998）。

图 6-1 显示了中美两国在同一个历史时期，高等学校的教师队伍出现的两种截然不同的年龄结构。中国的普通高等学校中，30 岁以下的年轻教师占了相当大的部分（接近 1/3），而随着教师年龄的增大，数量逐渐减少。1998 年 56～60 岁年龄段的教师出现了一个小高峰，明显多于 46～55 岁的教师数量。而 1998 年美国教师的年龄段高峰出现在 51～55 岁，5 年之后移到了 56～60 岁。根据两国的统计资料，2008 年

中美两国高校教师的平均年龄分别是 39 岁和 48 岁（朱雪梅，2010），差距近 10 岁，也说明我国高校的教师队伍非常年轻。

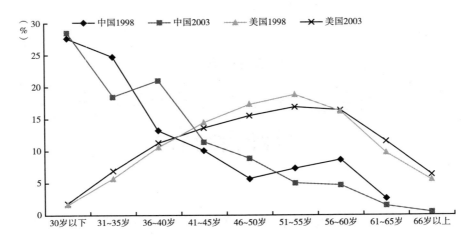

图 6－1　中国普通高校专任教师和美国授予学位学校教师
1998 年和 2003 年各年龄段人数比例图

资料来源：中华人民共和国教育部，《教育统计数据》，1998 年，2003 年，http：//www. moe. edu. cn/edoas/website18/level2. jsp？tablename = 1020；

Thomas D. Snyder, Sally A. Dillow, Digest of Education Statistics 2009, National Center for Education Statistics, 2010l, p. 374.

二　中美两国研究型大学工科教师队伍的年龄结构

两国不同类型学校的教师年龄分布呈现出不同的特点。美国不同类型学校的教师年龄分布基本与全国整体情况相似，教师年龄段比例最高的集中在 40～50 岁之间，研究型大学的教师平均年龄基本都在 50 岁左右。（Snyder，2010）而中国专科学校的教师平均年龄在 40 岁以下，与全国整体分布基本一致，本科学校教师平均年龄略高于 40 岁，研究型大学更高，清华大学、北京大学和复旦大学等学校的教师平均年龄接近 50 岁（朱雪梅，2010）。

从学科来看，美国全国工科专业教师年龄分布的峰值出现在 45 岁左右，而研究型大学的教师在 40～55 岁的年龄区间都有比较平均的分布，在年龄结构上都优于全国整体的情况（见图 6－2）。笔者推测研究型大学的工科专业教师队伍也会在 45 岁左右出现峰值，且中年教师的数量比较平均。由于无法获得中国工科专业教师的年龄分布数据，笔者将以具体学校的工科院系来讨论两国研究型大学工科教师队伍的年龄结构情况。

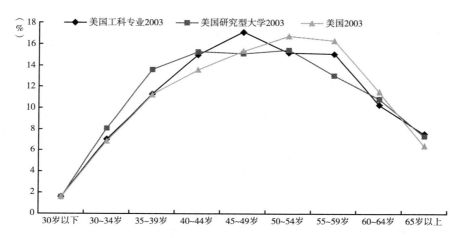

图 6－2　2003 年美国全国高校、工科专业和研究型大学教师年龄分布图

资料来源：Thomas D. Snyder，Sally A. Dillow，Digest of Education Statistics 2009，National Center for Education Statistics，2010，p. 374.

从表 6－1 和图 6－3 可以看出，清华大学各工科院系的教师年龄主要集中在 30 ~ 49 岁之间，占各系教师总数的一半以上，少数院系超过 80%，甚至 90%。这与中国的整体情况比较吻合，说明研究型大学的工科教师队伍非常年轻化。

清华大学工科教师平均年龄在 45 岁左右，比研究型大学教师平均年龄 50 岁低，体现了工科专业的特殊性。国内外都有研究表明，在多数工程科学领域，25 ~ 45 岁是科学家取得创造性成就的最佳时期，在 37 岁左右达到峰值（赵红州，2001）。45 岁是比较公认出成果的年龄，国内很多中青年学者人才支持计划的年龄界限也为 45 岁，例如"杰出青年科学基金""长江学者奖励计划"等。这说明大部分教师处在学术生产的黄金时期，是一支有活力的教师队伍。

表 6 - 1 清华大学和麻省理工学院部分工科院系各年龄段教师数量统计表

学校	比例院系	教师样本数	30 岁以下	30 ~ 39 岁	40 ~ 49 岁	50 ~ 59 岁	60 ~ 69 岁	70 岁以上	平均年龄
清华大学	材料系	48	0	9	18	9	7	5	49.8
	机械系	62	1	20	31	3	7	0	44.5
	电子系	40	0	11	12	4	9	5	49.9
	自动化	37	0	2	15	9	8	2	51.8
	计算机	73	2	39	19	6	6	1	41.3
	工业工程	24	1	10	13	0	0	0	38.5
麻省理工学院	航空航天	36	1	9	11	7	4	4	49.4
	电子系	49	0	7	10	14	8	10	55.9
	机械系	77	1	12	14	24	17	9	53.8

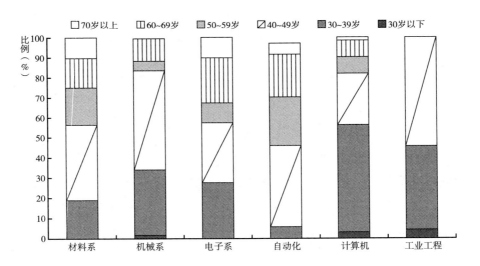

图 6 - 3 清华大学部分工科院系各年龄段教师比例图

美国麻省理工学院工科院系的教师主要是 40 岁以上的居多，40 ~ 59 岁年龄段的教师占教师队伍的大多数，平均年龄也在 50 岁以上。与美国研究型大学教师的平均年龄基本一致，工科并没有突出的特点。但是按照工程科学领域学者的黄金年龄来看，大多数教师已经超过 45 岁，学术生产力逐渐下降（见图 6 - 4）。

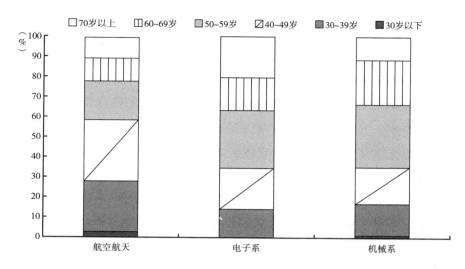

图 6 - 4　麻省理工学院部分工科院系各年龄段教师比例图

三　组织文化视角下的年龄结构

20 世纪 90 年代，中国高等教育的师资队伍出现了"青黄不接"的危机，高校大量招聘年轻教师，充实教师队伍。这与美国在 20 世纪 50、60 年代高等教育规模不断扩大、高校大量招聘年轻的新教师非常类似。

如今，中国的这批教师逐渐步入中年阶段，成为高校教师队伍的主力。而在终身制的框架内，低流动率与低退休率的影响下以及 1994 年强制退休年龄政策的取消，美国高等教育的教师队伍出现了严重老龄化的特征（Clard，2005）。50、60 年代入校的这批教师在 90 年代逐渐步入 60 岁。1998 年，全美授学位的高校中仅有 18% 的全职教师在 40 岁以下，而超过 55 岁的有 31%（NCES）。可以预见，到 2010 年，美国高校将有很大一部分教师年龄超过 65 岁。老龄化的教师队伍降低了其他教师的晋升速度，减少了新招聘教师数量，并且增加了劳动力成本（Enreberg et al，2001）。为此，很多学校修改了招聘计划，新招聘的教师更多是非终身制的，甚至是短期或兼职的教师。美国高校终身制教师的比例大幅度下降（America Association of University Professors，2003），全职教师的比例也从 1970 年的 77.9% 下降到 2007 年的 51.3% （Snyder，2010）。

人口学的相关理论根据各年龄段人口的比例将一个既定国家的人口年龄结构分为年轻型、成熟型和老年型。借鉴这样一种分类方式，中国高校的教师队伍应该属于年轻型，而美国则在往老年型发展。但中国不同类型的学校教师平均年龄差别较大，办学层次越高的大学教师平均年龄越高，到研究型大学达到 50 岁左右；而美国各类型学校的教师平均年龄同构性比较强，基本上都保持在 45～50 岁之间。教师年龄的不同主要体现在教学科研的经验以及对研究发展方向的把握，一般来说，年龄越大的教师在这些方面越有优势。另一方面，年轻的教师在活力和生产创造能力上具有较大优势。对于研究职能较少的本、专科层次的学校，其教师的年龄结构模式是少数年龄较大的教师带领多数年轻教师开展教学工作。而对于研究型大学来说，则需要大量有经验、对未来研究方向有较强把握的年龄较长的教师。

虽然中美两国研究型大学的教师平均年龄基本一致，但在工科专业，两国研究型大学的教师年龄又出现了差异。中国研究型大学的工科教师队伍偏向于成熟型，平均年龄在 45 岁左右，正处于学术生产的黄金时期。而美国研究型大学的工科教师队伍仍然偏向于老年型，平均年龄大多超过了 50 岁，经验和领导力上的优势明显。

前文提到过美国全国的工科教师平均年龄为 45 岁，而高等教育整体的平均年龄为 50 岁。结合中国研究型大学的工科教师队伍平均年龄也明显低于研究型大学整体的水平，可以认为这是工程教育的一个特殊性，导致这一现象可能的原因包括工程学科研究的集体性和工科知识更新的速度快。首先，大多数工程学科的研究都是依靠团队的力量完成的，这与文、理等学科主要以研究者个人为中心有很大的不同。工程学科需要一支包括各个年龄段的教师团队，既要有经验丰富，能够把握研究方向的中老年教师，也要有富于活力和创造力的中青年教师。其次，工程学科的知识和技术更新速度非常快，新的发展方向也层出不穷。工程学科的队伍需要不断补充新鲜的队伍，或者要求教师能够有较强的接受新知识的能力。也就是说，工科教师队伍的更新换代速度可能会比其他学科快，为了保持这样一支有活力也有经验的队伍，需要很好的流动机制。

但横向比较，中国研究型大学工科专业的教师平均年龄低于美国同等条件专业的教师平均年龄，且年轻教师非常多，给未来教师队伍建设造成很大的压力。因为高校现有的教师流动机制尚不健全，有数量很多的年轻教师等待晋升，但年长的学者数量较少，在现有的队伍结构和数量框架下，即使等到他们全部退休，所空缺的岗位数量也是有限的。在中国研究型大学特殊的学衔结构之下，年轻教师的发展成为一个亟须解决的问题。例如，清华大学近期开展了很多学科的国际评估，很多国际专家都对教师的年龄结构，特别是年轻教师发展提出了担忧。而美国老年型的教师队伍在学术生产力方面的优势不足，主要依靠这些教师丰富的经验和已有的成就，发挥其在学科领域的领袖作用，带领学科发展。另外，他们积累了大量的教学和实践的经验，能够提供更有前瞻性和内容丰富的课程，能够真正实现研究型大学引领学科方向，培养领导型毕业生的目标。

第二节　研究型大学工科教师的学历结构

一　学历结构的含义及中美高校教师队伍学历结构概况

学历结构是教师群体中具有不同学历层次个体的比例构成情况（顾明远，1998）。学历是指个人在教育机构中接受正式教育的学习经历，覆盖了从小学到研究生的所有阶段和学校类型。在完成了一段学习经历并达到一定的要求，个人可获得相应阶段的毕业证书。学历反映了个人受教育的程度，在一定程度上反映了个人所具有的知识结构和能力水平，即他所具有的基础训练水平及发展可能性（姜远平等，2007）。

与学历相似的一个概念是学位，它是个人在高等教育机构完成了一个培养方案的相关要求后所获得的资格证书，一般分为学士、硕士和博士3个等级，标志着个人受教育程度和学术水平达到规定的标准（McCulloch，2008）。但学位不等同于学历，获得学历证书，却并不一定能够获得学位证书，反之亦然。

中国的学位制度从1981年起才正式实施，之前获得高等教育的个人，即使达到现行学位授予的要求，也只有学历证书。现在高校的教师中，仍然有相当一部分人是在81年以前接受的高等教育，因此，对中国高校教师队伍的分析，以学历层次更加科学。但美国很早就沿袭欧洲大学实施了学位制度，在教育统计数据中，教师受教育的程度是以获得的学位层次为口径的。虽然也有代表学历层次的资格证书，但学位层次是更常用的数据。这就给对比研究造成困难。高校教师都是受过高等教育的个人，研究型大学的教师学历层次更高，中国基本都是本科以上学历，而美国的研究型大学基本都以博士学位为必要条件。对于本科以上的教育经历而言，学历和学位有基本对应的关系。为了便于比较，本研究在分析学历结构时，也用到有关学位结构的数据，将二者等同处理。

从全国范围来看，中国高等学校教师队伍的学历层次整体偏低。1998～2012年，尽管专任教师的学历层次水平已经有了明显的提高，特别是本科学历以下层次的人数比例大大降低，研究生学历教师人数有了明显增加，但整体上来看，教师的学历层次仍然以本科为主，超过了全部专任教师的50%，这是制约我国高等教育质量的一个重要因素。

中国从1981年实施新的学位制度以来，研究生教育虽然发展迅速，到2012年，每年全国各高校获得博士学位的毕业生已经超过美国，但获得硕、博士学位的毕业生总数仍然很少，远远不能满足中国高等教育的需要。

相对来说，美国的高等学校教师学历层次很高，全国高校中超过一半的全职教师获得了哲学博士学位（PhD），这还不包括部分获得博士层次专业学位的教师。① 而且从 1998 年到 2003 年，教师的学历结构基本保持不变，这与美国长期以来的研究生教育发展有密切关系，高等教育已经培养出足够多学历层次较高的人进入教师队伍（见图 6－5），使教师队伍的学历层次达到一个较高的水平。美国研究型大学教师的学历层次则更高。美国教育部的数据显示，2003 年美国研究型大学学士以下学历的教师数只占 0.2%，而获得哲学博士学位的教师高达 71.6%，专业学位（14.6%）的获得者中也有一部分博士层次的教师，所以有博士学历的教师可能会超过 80%，而少数世界一流的研究型大学的全职教师有博士学历的比例甚至接近或已经达到 100%。博士学位从中世纪开始就是大学教师的执教资格，随着美国研究型大学的产生和发展，博士学位逐渐成为美国一些研究型大学教师的必备条件。

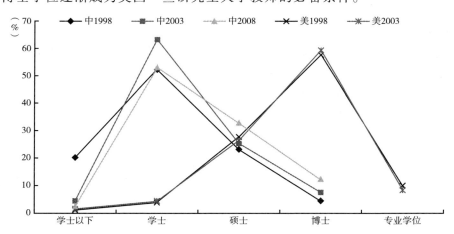

图 6－5　中国普通高等学校专任教师和美国授予学位
学校全职教师学历（学位）结构图

说明：中国 1998 年学士以下学位教师包括高等学校专科毕业及本专科肄业、本科毕业未获学士学位者，学士层次包括研究生毕业但未获硕博士学位者、研究生肄业和高等学校本科毕业获学士学位者。

资料来源：中华人民共和国教育部，《教育统计数据》，1998 年，2003 年，2008 年，http：//www. moe. edu. cn/edoas/website18/level2. jsp？ tablename = 1020；

Thomas D. Snyder, Sally A. Dillow, Digest of Education Statistics 2009, National Center for Education Statistics, 2010l, p370.

---

① 美国教育管理部门的数据中，专业学位的授予数没有区分硕士层次和博士层次，因此没有具体的专业博士学位数量。

二 中美研究型大学工科专业教师队伍的学历结构

提高教师的学历层次，是高等教育发展的必然趋势。按照现在中国的高等教育规模来看，要使专任教师的学历层次整体提高到以硕士甚至博士学历为主，还有很长的路要走。而研究型大学在这方面已经有了很大的改善，教师学历层次已经远高于全国平均水平（见表 6 - 2），而且综合实力较强、排名靠前的大学教师有博士学位的比例较高。

表 6 - 2　中国部分研究型大学工科专业教师队伍具有博士学位的教师数量

学校	专业	专任教师总数	具有博士学位的教师数量	具有博士学位的教师比例（%）
清华大学	机械工程及自动化	225	158	70.2
上海交大	机械工程及自动化	166	141	84.9
浙江大学	机械工程及自动化	35	29	82.9
哈工大	机械设计制造及其自动化	171	140	81.9
华中科大	机械设计制造及其自动化	178	116	65.2
华东理工	过程装备与控制工程	77	48	62.3
东南大学	机械工程及自动化	59	33	55.9
同济大学	机械设计制造及其自动化	76	39	51.3
西南交大	机械设计制造及其自动化	91	46	50.5
山东大学	机械设计制造及其自动化	91	43	47.2
大连理工	机械设计制造及其自动化	110	64	58.2
	过程装备与控制工程	28	10	35.7
	材料成型及控制工程	28	18	64.3

以清华大学为例（见表 6 - 3），清华大学 7 个工科系的教师有博士学历的平均比例为 83.9%，远远高于国内平均水平，也比几乎所有研究型大学的比例要高，个别院系甚至已经达到 100% 的博士学历。但是与美国相比，仍然有一定的差距。将清华大学与美国麻省理工学院做一个对比，麻省理工学院 5 个工科系教师的博士学历比例都为 100%，所有教师都有博士学位。

表 6 - 3　清华大学和麻省理工学院工科院系教师队伍最终学历（学位）分布

学校	院系	教师样本数	本科学历	硕士学历	博士学历	博士学历比例(%)
清华大学	材料系	53	6	2	45	85
	机械系	47	1	4	42	89
	工物系	87	5	6	76	87
	电子系	48	12	3	33	69
	自动化	34	6	2	26	76
	计算机	89	3	14	72	81
	工业工程	27	0	0	27	100
麻省理工学院	航空航天	37	0	0	37	100
	电子系	61	0	0	61	100
	机械系	83	0	0	83	100
	化工系	44	0	0	44	100
	土木和环境系	49	0	0	49	100

　　如果把学历结构和年龄结构合起来看，清华大学要接近或达到麻省理工学院的博士学历比例并不难。以教师博士学历比例最低的电子系为例，只有本科学历的 12 位教师和 3 位只有硕士学位的教师年龄都超过 60 岁，在未来几年都会退休。而 50 岁以下的教师都有博士学位，根据现行的招聘条件，博士学位也是成为研究型大学教师的基本条件。因此，在最短 5 年的时间内，清华大学的专任教师队伍有博士学位的教师比例基本能够接近 100% 。

　　因此，从现状来看，清华大学等研究型大学的工科教师队伍的学历结构比较好，如果坚持把具有博士学位作为教师的标准，由于历史原因造成部分教师学历层次偏低的问题在短期内将很快消失。

三　组织文化视角下的学历结构

　　中国自 1981 年才开始正式实施学位制度，是影响当前大学教师学历层次偏低的重要原因。但随着时间的推移，特别是 20 世纪末高等教育的大规模扩招，有越来越多的人获得了更高层次的学历学位教育，也逐渐提高了教师职业的入职要求。当前，高校教师队伍的学历层次正处于不断提升的一个动态发展时期。美国的学位制度已经实行了相当长的时间，大学对高校教师的学历已经有比较稳定的入职要求，基本上都要具有博士学位，因此美国高校的教师学历结构已经进入一个稳定的时期。这是中美两国高校教师学历结构的基本背景。

同时，中国高校中不同层次学校的教师队伍学历层次差异较大，基本随着学校的办学层次的升高，教师拥有高学历的比例越高。而美国各层次学校的教师学历结构基本同构。在研究型大学的层次，中国部分高校的教师学历层次已经达到一个较高的水平，不断接近美国的水平。

近年来，中国工科博士在校生的培养规模日益增大，获得工学博士的个人也会越来越多，其他有博士学位教师比例较低的研究型大学也会随着时间推移，逐步提高教师队伍的学历层次。教师队伍的学历结构将不再成为影响中国研究型大学质量的因素。但学历结构的提升更多的是数量上的变化，在学历层次提高之后，我们需要关心学历的质量问题，下一节将通过学缘结构进一步探讨教师队伍的质量。

第三节　研究型大学工科教师的学缘结构

一　学缘结构的含义

学缘结构是指教育组织的学缘关系的结构。在教育学上，一般把受业于同一教师、毕业于同一专业或同一学校而形成的学术群体关系称为学缘关系。学缘结构就是从不同专业或学校获得学历的教师结构。学缘结构对繁荣学术、丰富办学思想，形成和发展大学文化，促进学科交叉和跨学科合作等方面有着积极的作用，因而优化学缘结构是教师队伍建设的一个重要方面。

对教师队伍学缘结构的分析可以是多层次的，例如教师队伍在不同教育机构完成某一级学历教育的构成情况；教师完成不同学科的学历教育的构成情况；教师最初学历或最高学历的毕业学校或学科的情况

（生云龙，2008）。由于本书已经限定了工程学科的研究范围，而且从实际情况来看，工科教师所获得的各级学历教育主要都集中在工科范围，少数有理科教育的背景，几乎很少有其他学科的教育经历。另外，研究型大学的教师学历层次都比较高，大多数教师都有博士学位，因此本书主要研究教师获得最终学历的毕业学校的结构。

从已有的关于学缘结构的文献看，相当多的研究是以问卷调查和统计数据为主要的研究方法和文献来源，但一般是以一所大学整体为研究单位，主要关注不同层次大学的学缘结构特点。个别研究提到了应用性学科和基础性学科的区别（陈苑等，2008），但对具体的学科分析较少，不能突出不同学科教师队伍学缘结构的特点。本节将采用类似的研究方法，分析中美两国工科教师队伍的学缘结构。另外，由于全国范围内的教师学缘结构的数据没有正式的统计，本节对整个高等教育层次的教师学缘结构不做过多的讨论，直接进入研究型大学层次的研究。

二 中美研究型大学工科教师队伍的学缘结构

表6－4是清华大学和麻省理工学院部分工科院系教师获得最终学历的学缘统计表。从表中的数据来看，清华大学工科各院系在本校获得最高学位的教师平均比例略高于麻省理工学院的工科院系，以列举出的这些院系来看，两校平均值相差不到10%。但总的说来，两所学校工科院系都有很大一部分教师的最终学位是从本校获得的。

有研究表明，美国排名越靠前的大学教师获得本校博士学位的比例越高，哈佛大学高达34.4%（姜远平等，2007），得克萨斯大学奥斯丁分校和南加州大学的教师中博士学位在本校获得的教师比例在14%左右，而圣地亚哥大学同类教师比例不到10%（姜远平，2004）。麻省理工学院工科院系在本校获得博士学位的教师比例大多都远远高于这个比例，可以说明在美国，工科专业的学缘结构比学校全体教师的学缘结构更加单一。

2006 年，清华大学 45 岁以下的有博士学位的教师中，在清华获得博士学位者的比例最高，为 46.1%。（生云龙，2008）同年，清华大学专任教师总数为 2857 人，有博士学位的教师人数为 1792 人，由此可以推算，在清华所有专任教师中，在本校获得博士学位的教师比例不到 30%，而上述工科专业的教师在本校获得博士学位的教师比例也远高于这个数。

表 6 - 4　清华大学和麻省理工学院部分工科院系教师最终学历的学缘统计表

学校	专业	教师样本数	在本校获得最终学位的比例（%）	所有学位在同一学校获得的比例（%）
清华大学	材料系	54	51.9	31.5
	机械系	47	72.3	48.9
	计算机系	84	64.3	46.4
	工业工程系	28	39.3	32.1
	自动化系	32	46.9	34.4
	电子系	49	65.3	49
麻省理工学院	电子系	61	44.3	13.1
	机械系	83	49.4	15.7
	航空航天系	37	67.6	40.5
	化工系	44	25	9.1
	土木和环境系	49	51	25.6

从这一组对比中可以看出工科教师队伍的一个特点，即在本校获得博士学位的教师比例较大。按照已有的研究，研究型大学的学缘结构相对于其他学校本身就比较单一，那么研究型大学工科教师的教育背景就更加集中在本校毕业生中，学缘结构更显单一。按照普遍的看法，高校应该尽可能保证学缘结构的多样性，那么工科专业应该是需要更多改变的地方。即使美国高校的教师在毕业之后有更多的其他经历（下文将有更详细的分析），但从学术传承上来看，教师在同一个学校的教育背景使他们多多少少具有一些相同的思维定式。但另一方面，中美两国的高校都出现这个特点，也说明工程教育有其特殊性。工科的发展相对于其他学科而言更依赖于学科团队的合作，而不仅仅是个人的水平，因而

需要更多的传承性。

教师的学缘背景不仅在不同学科之间有区别，在工科的不同院系之间也存在很大差异。仍然以清华大学和麻省理工学院为例，两校既有在本校获得最终学位教师比例非常高的院系（如清华大学的机械系、麻省理工学院的航空航天系），也有本校毕业生比例很少的系（如清华大学的工业工程系和麻省理工学院的化工系）。究其原因，这与每个系的历史传承也有相当密切的关系。清华大学的机械系和麻省理工学院的航空航天系都是各自历史最长的工科院系之一，且学术水平在各自国内都处于领先水平。因此，这些院系都是国内最早开始培养相关专业高水平研究人员的地方，其教师队伍也大量来自自己的毕业生。而清华的工业工程系则是一个新兴的专业，且是一个跨学科的专业，其教师主要来自国外已经有这个专业的学校，或者与学科相关的其他专业。

结合上一节的分析，由于麻省理工学院教师的最终学位都是博士学位，在学士和硕士阶段可能会有不同的教育背景；而清华大学工科专业的部分教师还只有学士学位，学缘背景是唯一的。但中美工科专业有相当一部分教师的所有学位都在同一所学校获得，这其中大多数都是在本校获得的所有学位，使学缘背景更加集中。中国高校在这一点上体现更明显，有至少30%的教师所有学位都来自同一所学校，机械系与电子系等历史最长的几个工科院系这个比例更高。美国麻省理工学院的航空航天系也是如此。这一方面是由于这些系在早期建立时，国内该专业高水平工程人才严重匮乏，国际交流也比较少，直接从本校毕业生中留下了大量教师；另一方面，说明这些院系的发展也受到了很大的制约，有近一半的教师教育背景都高度一致，不断强化同一的学术理念和传承，使得新的学科方向和发展可能受到更多的阻碍。

一些研究认为，美国的大学不仅学缘结构更加丰富，而且实施了促进教师流动的很多政策，以减少"近亲繁殖"，例如本校毕业生一般需要到其他学校任职一段时间之后才能留在本校任教；教师在职期间可以利用假期和学术休假等机会去其他高校或企业工作，以获得多元化的经历背景。另外，美国高校的教师国际化程度很高，拥有较多有国外留学背景的教师。从本研究的统计来看，美国研究型大学工科教师队伍在某些方面的特点并不明显。

在有的美国研究型大学的工科院系，本校毕业生直接留校的人数并不少。以美国麻省理工学院的航空航天系为例，37 个教师样本中，从该校获得博士学位后留校的有 17 人（有的有半年以内其他工作经历），占样本总数的 46%。留校的职位多为助理教授或助理研究员，且每个年代都有案例样本。2010 年就有一位在 2009 年获得博士学位的麻省理工学院毕业生进入了航空航天系的教师队伍，担任助理教授。其实从根本上说，限制毕业生留校以及鼓励教师去其他地方工作，与丰富学缘结构并没有直接的关系，而是丰富教师的工作经历，属于职业发展的范畴。在后面的章节将有专门的研究。

再来看看两国研究型大学工科教师的留学背景。从表 6 - 5 可以看出，麻省理工学院工科院系教师在美国获得最终学位的比例非常高，基本都超过 90%。也就是说，大多数教师的博士学位都是在美国完成的。相反，清华大学的工科院系中，在中国大陆获得最高学位的教师比例虽然基本都超过 50%，但比起美国，中国教师最高学位的国际化程度更高，甚至有个别院系超过一半的教师都来自海外。这固然有美国高等教育水平整体比较高，而中国的研究型大学近年来大量从国外引进教师的结果，但单纯从多元化的角度看，中国高校目前的教师队伍更有优势。

在中美两国研究型大学的工科院系，虽然在本国甚至本校获得最高学位的教师比例都比较高，但还有一部分教师有两国以上的教育经历（获得学位，不包括博士后和访问学者），而且从表 6 - 5 的数据看，具体的比例两国并没有本质的区别（中国大学的个别院系略低）。而且，中国教师和美国一样，在任职以后也有相当多有访问国外高校的国际经历。

表 6 - 5　清华大学和麻省理工学院部分工科院系教师国外经历统计表

学校	专业	教师样本数	在本国获得最终学位的比例(%)	有两国以上教育经历的教师比例(%)
清华大学	材料系	54	68.5	31.5
	机械系	47	93.6	6.4
	计算机系	84	89.3	10.7
	工业工程系	28	46.4	46.4
	自动化系	32	65.6	34.4
	电子系	49	75.5	24.5
麻省理工学院	电子系	61	95.1	31.4
	机械系	83	92.8	33.7
	航空航天系	37	94.6	29.7
	化工系	44	93.2	18.2
	土木和环境系	49	79.6	36.7

　　说明：中国大学的教师在本国获得最终学位是指在中国大陆获得学位的教师，不包括从香港、澳门和台湾地区的大学获得学位的教师。

　　在强调学缘结构多元化的同时，我们也必须关注教师获得学历或学位的学校水平。教育质量和学术水平越高的学校，培养出来的毕业生质量会越高，这些毕业生成为教师之后，其研究能力和学术水平也更有可能在同行中处于领先地位。世界一流大学的教师获得的学位也大多来自排名靠前的学校（姜远平等，2007）。

　　仍然以麻省理工学院和清华大学为例。除了上文所分析的两校工科院系很多老师的学位来自本校以外，麻省理工学院的其他教师获得最终学位的学校比较集中，特别是斯坦福大学、加州伯克利大学、加州理工学院等。而清华大学工科院系的其他教师学位来源比较分散，既有世界一流顶尖大学，也有国内的一些高水平大学，分布广泛，但学校的平均水平明显低于麻省理工学院。从学校的地域来看，清华大学的教师学缘有很大一部分在中国香港和亚洲其他国家，少数欧洲大学；而麻省理工学院的工科教师中除了美国本土培养的博士以外，基本来自加拿大或欧洲。

三 组织文化视角下的学缘结构

从鼓励创新、促进百家争鸣、营造多元化的学术环境的角度看，应该坚持学缘结构的多元化。教师学缘结构单一被认为是中国大学的普遍特征，我国 1000 多所大学的专任教师中，几乎每所大学 50% 左右的教师是本校毕业的。（王作权，2002）一些关于教师队伍建设的研究表明，中国高校毕业留校任教情况普遍，教师跨院校流动性弱，学术劳动力市场的发育度低（Yan，2004），属于学缘来源单一的类型（李珺，2007）。相同的学术背景、不良的学缘结构已成为导致我国高等学校原创性成果贫乏的主要原因之一（姜远平等，2004）。而美国高校教师队伍学缘结构也被众多研究者所关注。美国的世界一流大学教师大多来自名校，学缘结构良好，且教师国际化程度较高等特点成为中国高校，特别是一流研究型大学的榜样。

虽然笔者无法获得中美两国高校整体教师队伍的学缘数据，但结合上一节所分析的学历结构来看，由于美国正式的学位制度已经稳定了相当长的时间，各专业拥有各级学位授予权的学校数量众多，为教师队伍学缘结构的多元化提供了很好的基础；而中国的学位制度历史比较短，学校数量也较少，特别是在高等教育大规模扩招之前，能够授予学位的学校和专业都比较有限，在一定程度上影响了教师学缘结构的多样性。中国的高校主要依赖海外留学，特别是从亚洲其他国家大学留学归来的毕业生来丰富教师的学缘结构。

但同时，通过本节对研究型大学具体专业教师队伍的学缘结构的分析，不难看出工科专业在学缘结构上的相对单一性。中美两国研究型大学的工科专业都分别有很大比例的教师来源于自己的毕业生，并且直接在毕业后留校任教。工科的发展相对于其他学科而言更依赖于学科团队的合作，而不仅仅是个人的水平，因而需要更多的传承性，这就使得工科专业的教师队伍形成相对封闭的一个结构。

在这样一种相对封闭的前提下，中美两国研究型大学的工科教师队伍仍然有显著的差异，或者说，中国研究型大学工科教师队伍学缘结构的封闭性更强，因为有更高比例的毕业生直接留校任教。美国研究型大学，特别是少数顶尖的研究型大学"在长期的互惠中形成了自己的毕业生交换圈"（叶菊艳，2010）。既能够使自己的毕业生在一流大学得到工作的锻炼，为职业发展铺垫良好的基础；也通过自己信任的高校聘任到学术水平较高的优秀学者。在度过了学术职业的初期阶段，这些毕业生如果有很好的发展，可以选择回到母校或者继续留任，使这些大学仍然保有高水平的年轻学者，也避免了学术的"近亲繁殖"。而中国研究型大学却缺乏这样的"圈子"，培养的毕业生要么直接留在学校，造成近亲繁殖；要么输送到国内外其他学校深造或任职，很难再吸引回来。这样就造成了一个比较封闭的学术环境，影响了教师队伍的活力和质量。

第四节　本章小结

本章分析和比较了中美两国研究型大学工科教师队伍的年龄、学历和学缘三个结构要素。每一小节都首先对结构要素的概念、意义和分析框架进行了说明，之后通过具体数据对比中美研究型大学工科教师队伍的特点和优劣势。

中国高校教师队伍整体上非常年轻，平均年龄不到 40 岁。但从专科学校到本科学校再到研究型大学，教师平均年龄依次递增，研究型大学达到 50 岁左右。而美国高校教师队伍呈现老龄化的趋势，各层次大学的教师平均年龄都在 50 岁左右。两国研究型大学工科专业的教师平均年龄都略低于研究型大学平均水平，中国在 45 岁左右，美国为 50 多岁。中国研究型大学工科教师在学术生产力上有优势，更容易创造更多成果；美国在学术领导力上略胜一筹，在引领学科方向和培养学生领导力上有丰富经验。同时，中国研究型大学工科教师的年轻化使年轻教师的发展成为亟须解决的问题。

中国由于学位制度建立较晚和研究生教育规模长期以来比较小，导致教师的学历层次普遍偏低，成为制约高等教育质量的重要因素。美国经过长期以来的积累和发展，高校教师的学历已经达到一个很高的水平。但对研究型大学来讲，中美两国教师的学历水平差别明显缩小。中国研究型大学的工科专业具有博士学位的教师比例基本都超过50%，部分学校的工科专业超过80%甚至达到100%；美国研究型大学一般在80%以上，一些世界顶尖大学的教师几乎全部具有博士学位。文章结合教师的年龄特征和相关政策分析，认为对于顶尖研究型大学的工科专业来说，教师的学历结构对教师队伍质量的影响正在减小，由于历史原因造成部分教师学历层次偏低的问题在短期内将很快消失，研究型大学在教师队伍建设中更应该关注学历的来源。

中国高校的教师学缘结构单一，而美国教师来源多元化是已有研究的基本共识。但本章从实际数据研究发现，中美两国研究型大学工科专业的教师都呈现出单一化的特点，并且毕业于本校的教师数量比研究型大学的平均值更多，都有相当一部分教师从本校获得最高学位之后直接进入教职岗位，体现出工程教育对学科传承性的强烈依赖。中国教师在国外获得最高学位的教师数量明显多于美国，国际化程度更高。单纯从学缘结构和国际化水平来看，中美研究型大学工科教师并没有太大差距。但是，中国研究型大学工科教师获得最高学位的学校整体水平低于美国。美国有比较固定的毕业生交流圈，教师毕业学校集中在少数顶尖大学，从而能够维持高质量的教师队伍，而中国缺乏这样的交流圈，教师获得学位的学校分布广泛，且参差不齐，在一定程度上影响了教师队伍的质量。

下一章将通过教师队伍的学衔结构来进一步讨论这种环境对中美两国研究型大学工科教师队伍建设的影响。

第七章
中美研究型大学工科教师的学衔结构

    每一个组织的人力资源都有其固定的职位和等级结构，一般是按照职能来划分的。不同职位的个人由于责任大小、工作难易和技术高低等因素呈现不同的等级（张德，2007），从而具有一定的等级权力。由于学术职业的特殊性，学术性是高等教育组织功能构成的基础。因此，高等教育组织的权力不仅包括一般组织的行政权力，还有学术权力。专家、学者和科研人员等学术人员掌握了专业知识，拥有影响他人或组织行为的学术权力（王孙禺等，2008），而学术权力的等级就体现在学衔（academic rank）上。学衔是根据高等学校教师担任的教学、科研工作水平和能力评定的专业职称。学衔代表了教师本身所具有的学术水平，反映了教师的教学和科研能力，也代表了教师在学校内的身份。

    学术性是高等教育组织的一个重要特征，因而学术权力的等级结构，即学衔结构，是高等学校组织结构的关键要素之一。本章将比较中美高等教育组织及研究型大学工科教师队伍的学衔结构，分析不同结构形式对工科教师学术权力以及工程教育发展的影响。

第一节　学衔结构的含义及中美高校
教师学衔结构概况

学衔制度由来已久，早在中世纪欧洲的大学就实行了学衔制，教师分为教授、讲师和助教等级别（王祖武，1998）。很多国家沿袭了这个制度，但具体划分的名称和级别并不相同。

中国学衔分为教授、副教授、讲师与助教 4 个等级，但通常并不称为学衔，而称为职称。职称制度是以专业技术资格为标准的聘任制，对教师实行分级管理，论职定称，并规定相应职责、评选条件及相应待遇。

在以下关于中国工科教师的分析中，笔者大量使用了"职称"作为数据的统计口径，一是它基本能够代表学衔的意义（关于职称制度和学衔的关系，下文还有详细分析），二是它作为中国高校教师管理体制中最核心的概念之一，它的可获得性和重要程度都具有非常典型的意义。

自 1998 年以来，中国普通高校专任教师中级以上职称数量增长了近 2 倍（专任教师总数从 407253 人增加到 1237451 人，增长速度基本一致）（见表 7 - 1），但不同级别职称的比例却一直比较稳定，拥有正高级、副高级和中级职称的专任教师人数之比大约是 15：40：45，整个专任教师队伍的职称结构呈正金字塔形（见图 7 - 1）。

表 7 - 1　1998 ~ 2012 年全国普通高校专任老师按职称分类数

年度	中级以上职称人数	正高级		副高级		中级	
		人数	比例（%）	人数	比例（%）	人数	比例（%）
1998	307125	36713	11.95	115897	37.74	154515	50.31
1999	321649	39359	12.24	125900	39.14	156390	48.62
2000	349101	43674	12.51	138820	39.76	166607	47.72
2001	399210	50678	12.69	161333	40.41	187199	46.89

续表

年度	中级以上职称人数	正高级		副高级		中级	
		人数	比例（%）	人数	比例（%）	人数	比例（%）
2004	614387	83231	13.55	250251	40.73	280905	45.72
2005	686710	96552	14.06	278200	40.51	311958	45.43
2006	765896	108856	14.21	304830	39.80	352210	45.99
2007	840400	119651	14.24	326300	38.83	394449	46.94
2008	907305	128966	14.21	342699	37.77	435640	48.01
2009	976377	138161	14.15	360675	36.94	477541	48.91
2010	1042715	148552	14.25	377225	36.18	516938	49.58
2011	1104301	159691	14.46	394689	35.74	549921	49.80
2012	1158128	169423	14.63	412692	35.63	576013	49.74

说明：2001 年以前教育部是按照教授－副教授－讲师的口径统计，2001 年以后统计口径为正高级—副高级—中级职称。从中国的职称制度与职务聘任制度之间的关系以及数量的比较，可以认为这两种统计口径所代表的统计对象基本上是一致的。

资料来源：中华人民共和国教育部，《教育统计数据》，1998～2012 年，http：//www.moe.edu.cn/edoas/website18/level2.jsp？tablename＝1020

中华人民共和国教育部规划司，《教育发展统计公报》，1998～2012 年，http：//www.moe.edu.cn/edoas/website18/level2.jsp？tablename＝1068

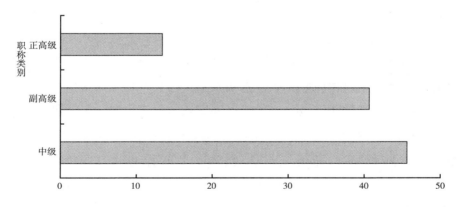

图 7 - 1　1998～2012 年中国普通高校专任教师中级以上职称结构示意图

如果只计算全国工科专任教师的数量，我们几乎可以得到同样的结果（见表 7 -2）。全国普通高校工科专任教师数量从 1998 年的 113425 人增加到 2008 年的 338103 人，其中，中级职称以上人数由 87786 人增加到 225075 人，增加都近 3 倍，但职称结构与所有学科专任教师总数一致，仍然保持了 15：40：45 的大致比例，也呈正金字塔形。

表 7 - 2　1998~2009 年全国普通高校工科专任老师按职称分类数

年度	中级以上职称人数	正高级		副高级		中级	
		人数	比例(%)	人数	比例(%)	人数	比例(%)
1998	87786	11771	13.41	34990	39.86	41025	46.73
1999	91843	12886	14.03	37579	40.92	41378	45.05
2000	99714	14567	14.61	41212	41.33	43935	44.06
2001	110241	16210	14.70	46156	41.87	47875	43.43
2004	168565	25139	14.91	69357	41.15	74069	43.94
2005	187833	28734	15.30	76731	40.85	82368	43.85
2006	213131	32454	15.23	85081	39.92	95596	44.85
2007	234489	35370	15.08	91624	39.07	107495	45.84
2008	255075	37995	14.90	96345	37.77	120735	47.33
2009	273117	40431	14.80	101643	37.22	131043	47.98

美国高等学校教师的学衔也分为 4 级，由低到高依次为教员（instructor/lecturer）、助理教授（assistant professor）、副教授（associate professor）和教授（professor）。

1999 年，美国高校共有 591 万专职教师，教授、副教授、助理教授、教员讲师和其他教师的比例分别是 27.3%、21.8%、22.8% 和 28.1%。（顾建民，2007）2003 年，美国全国授学位的高校共有全职教师 631800 人，其中教授 194400 人，占所有全职教师的 28.5%，副教授 149600 人，占 21.9%，助理教授 158100 人，占 23.3%，其他教学人员 179700 人，占 26.3%。（Snyder，2010）从全美国的整体情况来看，教授是教师队伍中比例最高的一个岗位，副教授数量略低于助理教授。整个学衔结构呈两头大、中间小的"哑铃型"。

将中美两国 2003 年讲师或助理教授级别以上的教师相对比例进行比较（见图 7 - 2），可以看出两国高校教师队伍学衔结构的明显差异。

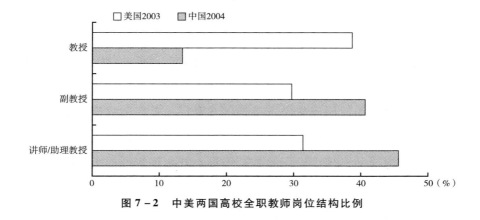

图 7 - 2 中美两国高校全职教师岗位结构比例

第二节 中美研究型大学教师学衔结构

进入新世纪，中国高校和学术界的国际交流日益增加，国家实施了许多人才计划吸引留学人员，特别是在海外获得教职的学者进入国内的高校，对国内高校的管理体制改革带来强大的动力，一些研究型大学率先开始深化教师职务聘任制度的改革，逐步转向"岗位管理"。例如，在始于 1998 年的"长江学者奖励计划"等项目的影响下，清华大学和北京大学这样的研究型大学率先推出了合同聘用制度、岗位聘任制度和教师职务聘任制度的改革（中华人民共和国教育部人事司，2009）。上表中的数据，2001 年以前教育部是按照"教授—副教授—讲师"的口径统计，之后统计口径为"正高级—副高级—中级职称"。这种变化是改革的一个信号，教授、副教授和讲师之前是与职称体系——对应的，评上了职称就有了岗位，因而职称级别的数量可以用各级别岗位的数量代替；而在之后，两种序列的内涵发生了根本的变化，职称作为一种人事管理制度逐渐和学术岗位分开，有了职称并不代表一定有岗位（虽然这种情况在现实情况中的比例非常低），所以"教授—副教授—讲师—助教"的数量不能完全取代职称级别的数量。

在这样一种制度框架下，如果高校能够做到"按需设岗"，那么这种由学校根据自身发展和学术水平所设计出来的岗位结构，就能够真正体现学校的学术思想和教师的学术实力和活力。理想的状况是，能够用各级岗位人数和职称人数来说明这个问题。遗憾的是，教育部以及大多数高校正式公开的数据仍然是二者合一或者只公布职称数量，给本研究带来一些困难，很难真正了解到每个学衔层次的具体人数。考虑到有职称无岗位的情况并不多，以下的数据仍然会有两种口径的统计结果，假设它们之间的差别并不大。

下面将通过学校的实际案例看研究型大学是如何通过岗位设置体现教育目标和学术权力的。

以中国 4 所以工科见长的研究型大学的工科院系为例，按照教授、副教授及讲师的层次（即按传统职称制度，中级以上职称的教师）进行统计（见图 7 - 3）。可以看到，虽然各院系规模有大有小，教师总数相差很大，但从结构上来看，教师队伍整体呈纺锤体型。副教授的数量最多，其次是教授和讲师。这与中国普通高校工科的整体水平相比，教授和副教授的比例都高出很多，讲师的数量则很少。可以说，研究型大学的工科教师队伍的岗位或职称结构与一般的大学工科相比，呈现普遍的级别上移，副教授（副研究员）或者副高级职称的教师占据了最大的比例。

通过对更多研究型大学工科院系的统计数据的研究，可以发现上述特点是中国研究型大学工科院系所普遍存在的教师队伍岗位结构类型。在部分学校也出现了一些例外，例如，图 7 - 4 是清华大学工科各专业教师岗位结构示意图，一半以上的院系 3 种岗位级别的教师数量仍然呈纺锤体形，但也有一些院系的结构呈现了倒三角形，即教授的数量超过了副教授和讲师的数量。

再以麻省理工学院为例分析美国研究型大学的特点。图 7 - 5 是麻省理工学院所有工科院系教授、副教授和助理教授的数量。一个显著的特点是教师队伍的岗位结构全部呈倒金字塔形，并且教授的数量远远高

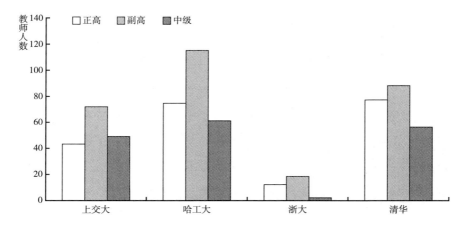

图 7 - 3 中国四所研究型大学机械专业教师学衔结构*

说明：清华大学的机械专业由机械系和精仪系共同设置，因此教师数包括两个系的教师总数，与下图中机械系的范围有所区别。

资料来源：全国工程教育专业认证专家委员会，各学校机械类相关专业《工程教育专业认证自评报告》，内部资料。

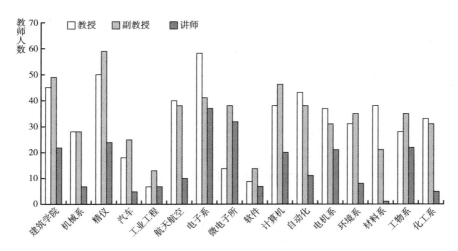

图 7 - 4 清华大学各工科专业教师学衔结构

资料来源：清华大学各院系主页。

于副教授和助理教授的数量，甚至高于二者之和。与中国研究型大学工科院系的普遍情况相比，美国研究型大学的工科院系教师岗位结构进一步上移，数量最多的岗位是层次最高的教授级别。

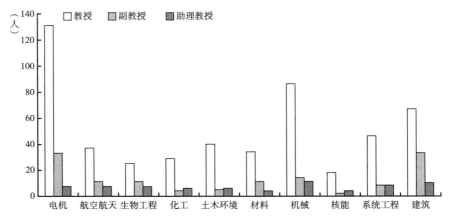

图 7 - 5　美国麻省理工学院各工科专业教师学衔结构

第三节　组织文化视角下的学衔结构

从本质上来说，高等学校的职称制度就是学衔制度，是对教师学术水平、能力和成果的认可。但由于中国特殊的人事管理体制，职称制度有更丰富的含义。

职称是"职务的名称"的简称。在新中国成立初期，职称主要是根据业务与技术行政管理的需要，经行政领导任命而确定的，主要表示一个人的职务，但并不一定代表其水平、能力和贡献等（朝滋，1994）。职称还与待遇挂钩，最初的目的是提高劳动者的社会地位和劳动报酬，因而有严格的数量，人事主管部门用指标来控制职称的数量。但随着国家的发展，职称与个人水平和能力的脱节暴露出很大的不公平性，阻碍了劳动者的积极性。1978 年国家召开了科学大会，颁布了一系列业务职称或技术职称暂行规定，包括高校教师。随后，高校开始实行教师专业技术职务聘任制度改革，希望通过职称体现专业技术或学识水平的高低、业务能力的大小与工作成就的多少，使职称的评定与岗位（专业技术职务）的聘任区分开来。待遇与岗位挂钩，而与职称无关，这样职称就不再受指标的控制。

虽然到目前为止，高校已经进行了数次改革，《教师法》也规定我国实行教师职务聘任制度，但"重评审轻聘任的身份管理并没有的到实质性改变"（叶梅芬，2009）。在高等学校中，职称和岗位职务仍然密切相关。职称实质上同时扮演了学术鉴定分级和资源配置的角色。职称所能配置的资源既包括工资待遇和社会福利等个人收入，也包括各种学术资源，而且每年评定的各级职称名额仍然有严格限制，学术能力并不是职称评定的唯一标准。所以这种同时承担学术分级的制度所体现出来的层级权力与真实的学术权力并不匹配。

高校里职称作为学衔的表现形式，是对教师教学和科研水平的认可，是一种资格和身份的象征，因而是终身制的。但由于职称与岗位的紧密关系，使得高校的学术岗位也随之成为"终身制"，一般来讲，个人一旦评上教授，就会有终身的岗位，无论他之后的学术成果如何，基本不会落聘。这样一种联系造成的后果之一，就是能否评上教授不仅仅取决于他个人的学术水平，还必须有空缺的岗位。在计划经济时代，任何单位和组织的岗位数量都是有限定的，所以就造成了高校教师队伍的等级结构并不完全体现高校的学术目标和教师的学术能力，而是一种典型的行政管理结构，由于这种建立在"理性"基础上的行政管理模式是一种稳定的结构，但同时也使组织成为一个封闭的系统，阻碍了组织的效率，这也正是职称评定制度带给中国高等教育体系的制约。

在中国的体制下，岗位、职称和学衔等概念虽然有各自不同的含义，但却紧密融合在一起，变成一个互相制约的综合体，而职称成为最核心的内容，掩盖了其他概念所应该代表的意义。

美国的学衔层次同样也与高等学校的教师管理体制有密切关系，突出表现为美国教职的终身制。20世纪初，美国9所著名大学的教授联合发起成立了美国大学教授联合会（American Association of University Professors，AAUP），并提出了大学教授学术自由和终身职位的原则。这个提议受到了学术界的广泛认同，虽然并不是一项强制性政策，但被美国大多数的学校所采纳（周文霞，2003）。终身制首先是要保障学者和大学的学术自由，使学者能够不受外界的压力，保持在学术思想和研究成果的中立，不会担心因为发表伤害某个利益群体的言论而被解雇。获得终身制的学者一般是副教授或教授，一些顶级大学有终身教职只授予教授的要求，而另一些四年制或两年制的学院助理教授甚至讲师也能获得终身教职（刘献君等，2009）。虽然终身制并没有完全覆盖美国所有的学衔等级，但终身制也是对学术水平的认可，实际上是对学衔制度的一种保障。

但在终身制实施一段时间之后，学术界也出现了反对的声音，认为终身制造成了一小部分"懒惰"的教师，他们在获得终身制教职以后学术生产力降低，动力不足。而且在教育经费缩减与学术职业竞争加剧的环境之下，学校很难负担过多终身制教职的年薪，促使很多学校开始降低终身制教职的比例（郭丽君，2007）。但总的说来，终身制对美国学术界的正面影响还是很大的，所以并没有被废除，而是通过其他的补充手段得到完善。很多学校开始对终身教授进行"后终身制"的综合性评估，这种评估不是对终身教授资格的再评估，但与工资、研究经费、教学奖、科研奖、学术休假等相关，以期减少终身制可能带来的动力不足的弊端（李阳琇，2007）。

美国的终身制和中国的职称制度在形式上都表现为终身的学术岗位，但显然终身制更能体现学衔制度的本质。终身制的获得主要是依靠学者的个人水平，经过严格的评审过程和激烈的竞争而获得。美国专职教师中大部分能够获得终身教职或进入终身轨道，2003年仅有25%的教师属于非终身制（Chait，2002）。在终身制的背景之下，我们通过具体的数字来分析美国高校的学衔结构。

学衔结构受到高校类型、学科专业分布、人才培养规格以及教师的学历层次呈现出不同的特点（刘诚芳，2007）。由于高校的学术水平和办学目标不同，具有不同学衔的教师比例相差很大。研究型大学培养大量的研究生，并承担很多科研任务，教授和副教授的比例往往比较高，各级学衔人数由高到低呈"倒金字塔形"；教学与科研并重的大学，以本科教育为主，兼之少量科研和培养硕士研究生的任务，最高级和最低级学衔的比例较小，中级学衔的比例最大，呈"纺锤体形"；而以教学为主的专科学校，主要是开展教学工作，基本上不承担科研任务，因而高级学衔的人数很少，学衔越低，人数越多，教师队伍呈"金字塔形"。

从上面的比较中我们似乎能看到这样一个规律，研究活动越多的大学或院系，其教师队伍学衔结构的重心越往高层次移动，即教授的比例在全体教师中最高。随着研究活动的减少，教授的比例也逐渐减少，甚至少于副教授的数量。

为了验证这个假设，我们再引入一组数据。根据卡内基基金会 2005年公布的大学分类标准，博士学位授予学校被分为 3 类：研究活动高度活跃的研究型大学（RU/VH，以下简称研究 I 型）、研究活跃的研究型大学（RU/H，以下简称研究 II 型）和博士授予研究型大学（DTU，以下简称研究 III 型）。（The Carnegie Foundation for the Advancement of Teaching, 2006）其中，麻省理工学院属于第一类大学。笔者从每一类大学中随机选择了几所学校并对它们的工科院系教师数量进行了统计，得到以下数据（见表 7 - 3）。

表 7 - 3　美国研究型大学工科院系教师数量

类型	学校	院系	教授	副教授	助理教授
RU/VH	伊力诺依大学香槟分校（UIUC）	工程学院	211	68	85
	普度大学（Purdue University）	工程学院	162	71	88
	宾夕法尼亚州立大学（Pennsylvania State University）	地球和矿物科学学院	72	32	24
		信息和科学技术学院	8	10	10
		工程学院	136	74	51
RU/H	雪城大学（Syracuse University）	生物医学与化学工程系	7	4	8
		土木和环境工程系	9	3	0
		电子和计算机工程系	20	13	9
		机械和航天工程系	14	5	1

类型	学校	院系	教授	副教授	助理教授
RU/H	斯蒂文斯理工学院（Stevens Institute of Technology）	化学、化学生物和生物医学工程系	7	4	5
		电子和计算机工程系	6	4	3
		化工和材料工程系	8	3	0
		机械工程系	7	4	7
		土木、环境和海洋工程系	7	7	2
	德雷塞尔大学（Drexel University）	化学和生物工程系	5	6	4
		土木、建筑和环境工程系	6	9	9
		电子和计算机工程系	16	11	6
		计算机科学系	4	5	5
		材料科学与工程系	5	3	4
		机械工程系	12	6	9
DTU	路易斯安那技术大学（Louisiana Tech University）	生物医学工程系	3	1	4
		化学工程系	0	1	4
		土木工程系	3	5	2
		电子工程系	1	4	4
		工业工程系	1	2	0
		机械工程系	1	2	6
		纳米系统工程系	0	4	9
		计算机科学系	2	6	3

从表中可以看出，研究型 I 类的大学工科院系中教授的比例明显高于其他两类，而且这个比例有从 I 型到 III 型减少的趋势。研究 I 型大学的教授数量远远高于副教授数量，大多数院系的副教授数量高于助理教授数量，使整个院系的教师岗位结构呈倒三角形。研究 II 型大学工科院系的教授数量虽然仍高于副教授，但差距较小，也有个别少于副教授数量的系。研究型 III 类的大学开设工程专业的学校很少，因此只选择了一所，样本数量也比较少，但该学校的教师岗位结构开始呈现纺锤体的趋势，教授数量少于副教授数量，有的系甚至没有教授。换句话说，美国研究型大学工科院系的教学和科研工作很大一部分是由副教授（副研究员）承担的。

按照这样一种趋势，可以认为工科教师队伍的学衔结构与学术单位的研究活跃程度有相关的关系。根据卡内基分类的方法和上述大学在世界高等教育领域的学术声誉，这种活跃程度在一定程度上也代表了学校的学术水平。也就是说，大学研究的活跃程度和学术水平决定了教师队伍的岗位结构。反过来，教师队伍的岗位结构也影响到了大学研究的活跃程度和学术水平。

从教师队伍的结构上看，清华大学的工科院系和研究 II 型的大学近似，部分院系属于研究活动较多的类型，接近研究 I 型大学。国内其他研究型大学的工科院系也大多与研究 II 型大学的教师结构相似，有的接近研究 III 型的大学。与美国顶尖的研究 I 型大学相比，清华大学等国内的高水平研究型大学到底在教师结构上受到了什么制约，从而影响了它们的研究活跃程度甚至学术水平呢？

首先，从教授的数量来看，教授本身既代表着资源和生产力，也代表着消费能力。姑且不讨论不同学校教授之间的含金量的区别，一个学者一旦获得教授的岗位，就意味着得到了学术共同体的认可，拥有较高的学术水平，有能力创造优质的学术成果。而一个教授在学术界的成长过程中所积累起来的知识和学术资源，能够给学术单位带来丰富的资源。从这个意义上讲，教授越多，学术单位拥有的学术资源也就越多，学术生产力也就越高。另一方面，设置一个教授的岗位，需要学术单位提供一定的经济和物质基础，除了教授本人的工资薪酬，还有必需的学术条件，包括图书、设备、仪器、工作场所以及学术团队，工科院系对这一点的要求更高。因此，能够"养"多少教授就反映出学术单位的财力。而且，生产力和消费能力存在相辅相成的关系，如果一个学术单位能够提供的条件越好，越能吸引更多知名的教授，这些教授又能带来更多优质的学术资源，使学术单位有实力提供更好的学术环境。早年清华大学的历史也印证过这一规律，"当时清华聘请教授，有比较优越的条件，一是研究工作的条件比较好，有比较充足的图书仪器；二是生活待遇比较好，不欠发工资，住宅环境也比较好。有这些比较优越的条件，清华可以聘请比较有名的学者和科学家来当教授。"（冯友兰，

2004）那个时期的清华大师云集，是清华历史上学术成就的一个辉煌时期。1945 年的国立西南联合大学时期，学校共有教授 155 人，副教授 7 人，讲师 34 人。[①] 虽然当时条件艰苦，但仍有数量众多的教授坚持在工作岗位，创造了清华历史上又一段人才辈出、硕果累累的时期。

2009 年，清华大学的总收入是 57.2 亿元人民币，其中科研经费为 24.45 亿元人民币。（清华大学校长办公室，2010）同年，麻省理工学院的收入合计 26.43 亿美元，研究经费为 13.75 亿美元（MIT Finacial Data，2010）。仅科研经费一项，麻省理工学院的收入就是清华大学的近 4 倍。两所大学在中美两国分别都属于收入最高的学校之一，这种差距也显示了两国最高水平大学之间的差异。如果两校的收入中有同样比例用于教师队伍的建设，麻省理工学院则能"购买"到更多同等质量的学术生产力或质量更高的生产力。实际上麻省理工学院的教授比例虽高，绝对值却小于清华的数量，所以麻省理工学院在每个教授身上的投入则可能更多。

其次，中美研究型大学工科院系的教师结构的不同还与两国的整体学术市场有密切关系。仍然以麻省理工学院为例，各院系教授岗位的数量反映了该学科或领域的教学科研需求，而这些岗位教授的招聘，是从大量候选人中精挑细选出来的。但在麻省理工学院内部，副教授和讲师的数量都非常少，也就是说学校自身的后备力量有限，所以它必须面向更大的学术市场去选择。这样的好处，一是可以促进学者的流动，丰富本校教师队伍的学缘结构，使教师队伍更加多元化。二是教授岗位的招聘能够真正面向全国甚至全球，保证该岗位招到最好的教师。三是减少了学校培养新人的成本，把更多资源集中给教授。关于学缘结构，本研究另有文字讨论，此处不再赘述。

从学者的职业生涯发展来看，美国数量众多的大学为年轻学者的成长和流动提供了很好的环境。各个学校之间的流通性比较好，不同的学校虽然在学术水平上存在差异，但都能为学者的个人成长提供较好的制

---

① 参见《教育部检报国立专科以上学校教员及国立研究机关科研人员统计总表》

度环境。美国的高等教育体系没有统一的管理组织，学校之间都处于自由的竞争之中，是"与统一的管理系统相对立的另一极端"（范德格拉夫，2006），学术市场对资源的配置发挥了很大的作用，无论在任何学校，学者个人都有机会获得学术资源，赢得学术声誉，在流动中也就有了公平的竞争环境。顶尖的学校可以通过自身的优势，吸引最符合学校的学术目标的人。

广阔而自由的学术市场成为顶尖大学天然的人才后备资源库，因而这些学校自身不会储备太多的人才队伍，反而为了保证教师的多元化，鼓励毕业生到其他学校任教。而最终能够在这些学校进入终身制轨道甚至获得终身教职的，都是每个最顶尖的学者，学校的投资风险大大降低。

但同时，对于实力不那么强大的学校来说，吸引人才和储备人才必须是同时进行的，因而副教授和助理教授的数量和比例都相应有所提高。那些学术实力更弱一些的学校，则主要依靠少数教授带领大量的副教授和讲师，实现自身的学术目标。

在中国，学术市场的流动性还尚未形成，而且真正高水平的大学数量不多，无法形成一个足够庞大的人才储备库，因而每一所学校都主要依靠自身金字塔形的教师队伍结构来完成队伍的筛选和更新。部分大学在近年来注重从国外引进高水平的学者，以希望利用全球的学术市场来完成教师队伍的补充和更新。但鉴于国内高校的整体水平还不够高，对世界顶级学者的吸引力还非常有限，而且为此付出的成本也相当高，因而大部分教师队伍的更新仍然需要自给自足。由于缺乏一个更大的自由的学术市场，这些学校不仅要承担很大的培养和招聘新人的压力和风险，也造成大多数学校的教师学缘结构都比较单一，不利于教师队伍的多元化，制约了学术水平的提高。

中国高等教育体系与美国的另一个区别，是中国有高度集中的管理组织，教育资源的分配在很大程度上是由政府而不是市场分配的。在教育资源非常有限的的情况下，中国长期以来实行的是重点发展的教育政策，因而较多的资源会集中在少数大学里。有一定发展潜力的年轻学者也都集中在少数学校，与学校少数的教授和副教授构成数量上的金字塔结构。而金字塔内部，是一个相对封闭的学术环境，个人的职业发展途径是通过竞争获得数量非常有限的、更高级别的学术岗位。这样一来，学者个人的学术发展道路就相对很狭窄，不利于高水平学者的成长。

再次，中美研究型大学教授岗位结构的差异也是中美各自的管理制度造成的。终身制是美国高等教育制度的重要组成部分，在历史上对保障教师的利益、维护学术自由起到了积极的作用。教授和部分副教授属于终身制的岗位，一旦获得，终身拥有，而且大多数学者获得终身制时的年龄并不大。据美国劳工部的统计，获得终身制教职的教师平均年龄是 39 岁（United States Department of Labor，2010），即使是获得教授职位的年龄距平均退休年龄仍然有很长一段时间。教授岗位的获得，主要依据是教师的教学和研究水平，只要能够得到学术圈的认可，达到教授水平，就能获得教授的岗位。而在一定的时期内，达到教授水平并获得教授岗位的人数不断积累，因而教授的总数也就越来越多。虽然终身制造成了一小部分"懒惰"的教师在获得终身制教职以后学术生产力大大降低，而且在教育经费缩减及学术职业竞争加剧的环境之下，这个制度越来越受到质疑，促使很多学校开始降低终身制教职的比例，但以学术实力为主要评选依据的教授岗位并未减少。

中国高校的教师聘用制的改革并没有完全打破传统的职称评定制度，虽然"铁饭碗"从某种意义上看也是一种终身制，但长期以来"能进不能出"的人事制度的弊端仍然存在，教师管理缺乏淘汰机制（陈劲等，2006），"岗位"仍然没有能够完全取代"身份"，但这种"身份"的数量是有限的，造成的结果就是金字塔内所有教师都被局限在一个学术单位内，等待晋升职称。而职称和岗位之间的密切关系也就决定了最终能够获得教授职位的人数非常少，长期都在副教授甚至讲师的岗位上。

部分大学的人事改革引入了淘汰机制，开始逐步改变这一现状。但从中美两国现行的科研经费管理制度来看，中国大学的科研经费中很少能够支付劳务经费，教师的工资和福利标准由国家统一制定，并以教育经费拨款的方式由国家统一下发，与课题任务没有直接关系。美国的科研经费中则有相当大的比例用于人头开支，这不仅包括教授的工资，也包括研究生和其他研究人员的人工费，由此吸引了大量的学者参与研究。换句话说，美国的大学"养了"更多的人，获得了更大的学术生产力。

第四节　本章小结

学衔结构是教师学术权力的重要体现。本章首先分析了中美两国特殊的教师晋升制度（中国的职称制度和美国终身制）下学衔结构的实际意义，从而明确了分析学衔制度的方法和数据来源。之后通过具体数据分析了中美两国高校教师学衔结构的整体特点：中国的教授、副教授和讲师数量依次递增，教师整体的学衔结构呈金字塔形；美国教授数量最多，副教授数量略低于助理教授，整体呈接近倒三角的哑铃形。

在美国的研究型大学的工科专业，随着学校研究活动的增加，教授数量也逐渐增多。本书参考卡内基基金会对研究型大学的分类，分析了3 类研究型大学教师的学衔结构，发现教师队伍学衔结构的重心随着研究活动的增加，往高层次移动。研究最活跃的大学，教授数量远远多于副教授和助理教授，教师队伍呈倒金字塔形。

中国研究型大学多数工科专业教师的学衔结构呈纺锤体形，少数呈倒金字塔形，各专业之间的差异较大。整体来讲，研究型大学的工科教师学衔层次偏低，学术水平低于美国。本书进一步探讨了造成这一问题的主要原因，认为中国的职称制度以及不成熟的学术市场制约了研究型大学工程教育的学术水平。

第八章
中美研究型大学工科教师
队伍的工程实践经历结构

　　本章将通过文献和统计数据来分析中美两国研究型大学工科教师在工业界的工程实践经历的内涵、岗位和时间，从而了解工程教育对教师队伍的工程实践经验的需求以及工程实践经验的获得途径。

第一节　工科教师缺乏工程实践经历的问题

　　中国工程教育在历史发展中对实践一直都是比较重视的，前文我们也介绍了各个阶段构成工科教师队伍的个体特点，教师的工作一般都能和生产实践相结合，具有比较丰富的工程实践经验。在改革开放之前的一段时间内，由于客观的历史因素，有很多教师有在工厂工作的经历，积累了一些实践的经验。这些教师后来再回到高校任教，构成了一支经历非常独特的教师队伍。

　　但从前文的文献综述可以清楚地看到，无论是教育管理者还是教育研究者，在分析当前工科教师队伍的现状或者问题时，往往都会指出他们工程实践背景的缺乏。在一份对中国工程院院士、高等院校教师以及企业工程技术人员研究调查中，90%以上的被访者认为影响工程教育质量与发展的主要因素包括"缺乏具有工程实践背景的师资队伍"。工科教师"不懂工程，不了解现场，教学和科研内容与企业脱钩……对生产现场的设备技术改造更新的信息情况不能及时了解掌握，难以胜任对学生专业实践能力的培养和训练"（陈劲等，2006）。类似的问题在美国也存在。

出现这个问题的原因是多方面的，最关键的是工程教育长期以来的科学化。工程教育在培养过程中缺乏实践环节，毕业生的实践能力和经验都不足；当前高校教师的来源单一化，基本都是从刚毕业的学生中招聘，因此工科教师在进入岗位时就在实践经验上"先天不足"。在科学化的影响下，高等学校对工科教师的评价标准也以论文发表和科研项目为主，使教师入职后缺乏参与实践的机会和动力。另一方面，工业界缺乏接纳工科学生和教师实践的动力，这就使得毕业生仍然没有机会参与实习。这个原因在中国显得尤为突出，因为中国企业的研发能力和水平普遍偏低，有相当一部分工业企业主要是利用现有的技术、材料和方法提供加工服务，主要利用价格较低的资源，如资本、土地和劳动力等的持续投入来增加产量，是粗放式、劳动密集型的经济增长模式，对科学技术、设备和工艺等要素的发展和改进需求不大，因而与高校的联系较少，也无法提供高等工程教育所需要的工程实践。另外，由于中国法律政策的空白，学生和教师实习的待遇与安全等问题没有相关的保证，使得学生与教师的实践成为企业的负担。这几方面的原因造成了整个工程教育"非工化"的恶性循环。

与其他国家相比，一些工业化程度较高的国家，比如德国，有相当一部分教师在从教之前，甚至担任大学教师的同时，也承担实际的工业界工作，有工程师的"职称"。大学从工业界聘请资深工程师担任兼职教师的比例也较高，工科院系在全职的教师队伍之外，还有相当一部分讲师（lecturer）或者研究科学家（research scientist）来自工业界。高校在聘任工科教师或教师晋升的时候，工程实践甚至是一个基本的标准。

因此，有学者因此建议要培养与引进"双师型"教师（陈彬等，2008），从工业界吸收优秀人才到高校任教，并且完善教师评价体制，认可教师在工程实践中的成绩。（刘继荣等，1997）中国的教育主管部门也制定了很多政策，甚至以减免税收的形式鼓励企业为高校，特别是职业院校，提供工程实践和顶岗实习的机会。

类似的结论和建议已经成为工程教育中的老生常谈，但这恰恰证明工科教师缺乏工程实践经历的问题长期以来并没有得到有效的解决。企业和教师积极性的调动固然需要一段时间的调整，这涉及经济增长方式和高等学校的很多其他问题。但是从政策制定和研究的角度来讲，这些政策和建议对所有工科院校都一刀切，忽略了不同类型学校的特色和需求。对不同类型的工科院校来讲，单纯讨论工科教师是否缺乏工程实践背景并不是问题的核心所在，关键在于不同大学的工科教师到底需要什么样的工程实践背景？是否每个教师都必须具备工程实践经历？需要多少？这种经历可以通过什么渠道获得？让我们先从工程实践背景本身入手。

第二节　工程实践经历的内涵

《现代汉语词典》对"实践"的解释是"用行动使成为事实；履行；人类有目的地改造自然、社会和人自身的一切实际活动。"生产是实践最基本的活动之一，工程实践就是工程产品的生产。工程产品包括的范围非常广泛，小到微型的零部件，大到巨型的设备，还有各种建筑、市政设施、交通设备，甚至操作软件、控制系统、技术方法等等。可以说，工程在人类的生活中无处不在，工程实践也有很多种形式。

一般来讲，一件工程产品的诞生过程或者生命周期都可以分为研发—设计—生产制造—运行—维护几个主要的阶段。研发和设计主要是通过理论研究和实验完成产品的可行性论证、开发和初步设计，停留在实验室阶段；后面的阶段则主要在企业或工程现场进行，将产品从设计变为实物，投入生产。对一件产品的诞生来说，这几个步骤缺一不可，每一个步骤都需要大量的"实践"使其变为现实，而整个过程也可以说是一项连贯而复杂的工程实践。亚当·斯密于 1776 年在《国富论》中所提出的劳动分工的观点奠定了现代工业企业生产模式的基础。随着工业化进程的加深以及当今社会全球化的特点，人们的社会经济活动越来越独立化和专门化，几乎没有任何一种工程实践可以由一个人单独完成。个人在整个工程产品生产过程中只能发挥相当有限的作用，工程产品的生产必须依靠不同分工的人的合作。随着分工的细化，个体能够接触到的工程生产步骤越来越少，甚至每一个步骤都需要很多分工不同的个人或团队来完成。对于大型工程项目来讲更是如此。因此，当我们今天提到工程实践，不可能要求实践者能够从头到尾完成工程产品生产的全部过程，而需要有明确的针对性，即希望实践者在哪个环节或步骤中参与工程实践。既然社会和工业界对实践者的需求是多种类型的，那么工程教育培养出来的工程人才也应该是多种类型的。

按照不同阶段实施地点的不同，可以将工程实践分为两个层次，一是实验室的研发和设计，模拟真实的产品；二是现场的生产或应用，制造真实的产品。与此相对应，工科教师参与工程实践也有两个基本的层次，一是通过应用型或工程型的科研课题研究，参与产品的研发和设计；二是通过企业或现场的工作，参与产品的生产和维护。

这两个阶段除了实施地点的不同，另一个主要的区别在于，实验室里的模拟往往是一种理想的状态，实践者往往更关注科学原理和技术本身，有的研究甚至超越了当前的条件，是对未来发展的一种设想和规划或者探索科学技术发展的可能性，距离产品的生产和市场化还有相当的距离；而将实验室的原型变成能够流向市场的最终产品，需要实践者熟悉实际的经济因素、环境因素、社会因素、市场需求等方面的限制条件，考虑产品的成本、用户体验、稳定性、可靠性以及企业的生产工艺、生产能力、成品率等要求。

对实施工程教育的高校，特别是研究型大学来说，教师和学生大量参与了第一个层次的实践。研究型大学的工科院系都有大量的课题与国家大型工程或企业生产密切相关，教师作为主要的研究力量，直接参与课题，针对政府或企业的需求，研究开发相应的产品或解决方案，甚至在实验室完成产品的原型（prototype），但与现场或企业的工程实践接触相对较少。上文所提到的"工科教师缺乏工程实践经历"的结论中，指的应该是第二个层次的实践。也就是说，如果以是否有在企业工作过为标准判断工科教师的工程实践背景，那么当代中国高校的教师确实显得经验不足。美国的部分高校也有这个问题，在美国高等工程教育界呼唤"回归工程"时，工科教师的实践经验也是其中一个重要的方面。按照这样的标准，我们可以把工程实践分为广义的实践和狭义的实践两类。前者包括工程产品的整个生产过程，后者则主要指在企业或工程现场完成的实践。

按照现代工业企业的职能分工，与工程有关的员工一般可以分为工人、工程技术人员、管理者和研究人员。这些岗位对人才的能力要求各不相同，所涉及的产品生命周期也有多有少。例如，研究人员主要负责产品的研发设计阶段的工作；工人比较集中于生产、运行和维护阶段，往往处在工程实践的第一线从事生产工作；管理者通常需要比较全面地了解生产过程，其工作可能贯穿整个产品周期；工程技术人员的分类比较多元化，各国也有不同的定义，大致可以分为技术员和工程师两类。技术员主要是"已有技术和方法的应用者，注重将已有的技术、方法和工艺应用于解决工程问题"，工程师主要从事工程系统的操作、设计和管理，有的"现有技术的解说者，能够管理和维持当前技术的开发和应用，承担一些工程设计、开发、制造、建筑和操作的任务"，部分更高层次的"是技术和工程的引领者，具有开发和创造新技术、新方法和新思维并将这些技术、方法和思维应用于解决工程问题的能力"（林健，2010）。

从技能上看，研究人员的理论水平相对较高，工人和技术员的实际动手操作能力强，工程师需要比较综合、全面的工程设计、开发和操作能力，管理者则偏重管理、领导、与人交流等方面的能力（见表8-1）。

表 8 - 1　不同岗位所涉及的主要产品生命周期和主要技能需求

职位类型	研发	设计	生产	运行	维护	技能需求
工人			√	√	√	操作型
技术员			√	√	√	操作型
研究人员	√	√				理论型
工程师	√	√	√	√	√	综合型
管理者	√	√	√	√	√	管理型

工程教育的根本目的是培养符合社会需求的工程技术人才。如果我们将工程教育与不同类型工程人才培养联系起来，根据高等工程教育的定位，普通高等工科院校所培养的主要应该是研究人员、技术员、工程师和管理者。技术员需要专门的技术，其培养主要集中在中国的专科层次和美国的两年制社区学院；工程师、管理者和研究人员需要比较全面综合的能力，其培养主要集中在本科层次以上的院校。其中，研究型大学主要应该培养研究人员和以研究设计为主的工程师，以及一部分管理者。

明确了人才培养的目标和不同类型人才所需要的技能，我们再来分析工科教师需要什么样的工程实践经历。对以主要培养专门技术人员的专科学校来讲，工科教师队伍中大部分教师自身需要具备丰富的企业和现场工作经历，使学生在学习中积累大量一线工作的经验；本科层次的学校要培养大部分工程师和管理者，要充分发挥工程教育本身所具有通识教育的特点，注重学生的科学基础知识及其应用、工程职业道德、人际交流、团队合作等基本能力的培养和训练，因此教师队伍中应该同时有具有企业实践经验和科学研究能力的教师；而研究型大学除了要培养本科层次的工程技术人员，研究生层次的工程教育也是主要工作之一，重点是培养具有研发设计能力的工程师、研究人员和部分综合能力较强的管理者。所以大部分工科教师需要具备较高的工程产品的研究、开发和设计能力，而且对科学技术发展具有一定的前瞻性，在现有的技术和方法基础上探索更先进的技术和方法。各层次工科教师的背景示意图如图 8 - 1 所示。

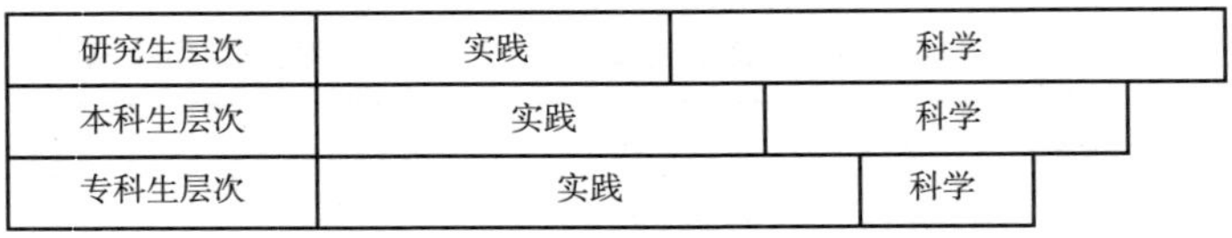

研究生层次	实践	科学
本科生层次	实践	科学
专科生层次	实践	科学

图 8 - 1 不同层次工程教育对教师能力的要求

从表面上看，从专科到本科再到研究生层次的工程教育对教师和学生狭义工程实践经历的需求是逐渐减少的。层次较低的工程教育实践性越强，层次较高的则科学性更多。研究型大学的工程教育及工科教师需要更多广义上的工程实践经历。但广义的工程实践所代表的研究开发和设计并不能脱离狭义的工程实践，甚至可以说前者是建立在后者基础上的，工程教育的科学性与实践性并不完全是互补的关系，而是一种累计和递增的关系。研究型大学的工科教师需要具备实践能力基础上的科学研究能力。从工科教师队伍整体来看，应该有一定比例具有企业实践经历的教师和大部分科学研究和产品研发、设计能力强的教师。

第三节 研究型大学工科教师的工程实践经历的整体情况

中国从 2006 年开始实施工程教育专业认证试点工作，从认证结果来看，工科教师中具有工程实践经验的教师数量并不少。以机械类认证专家委员会所认证过的学校为例，在企业从事过工程类工作的教师占在编教师总数的 30% ~ 60%，有工程实践经历的教师占 60% 以上，有的学校甚至达到 100%（见表 8 - 2），部分学校还直接从企业聘请工程师开设专业课程。表中在编教师总数包括所有教学人员、科研人员、管理人员和实验室技术人员，若只计算专任教师数量，这个比例将会更高。值得一提的是，为了避免各学校对"工程实践经历"理解不同，机械类认证专家委员会统一进行了说明，表中"在企业从事过工程工作的教师人数"可以理解为全职或兼职在企业工作过、参与工程实际项目的教师；"有工程实践经历的教师"除了前一个类别的教师，还包括参与过企业委托的研发课题（"纵向课题"中与实际工程相关的课题以及与企业合作的"横向课题"）的教师人数。

表 8 - 2　2006~2009 年部分学校机械类相关专业具有工程背景的教师数量*

学校	专业	在编教师总数	在企业从事过工程工作的教师人数	占教师总数的比例	有工程实践经历的教师人数	占教师总数的比例
清华	机械工程及自动化	253	—	—	232	92
上海交大	机械工程及自动化	205	—	—	199	97
浙大	机械工程及自动化	55	18	33	55	100
哈工大	机械设计制造及其自动化	259	97	38	—	—
东南	机械工程及自动化	59	16	27	36	61
山大	机械设计制造及其自动化	108	34	31	83	70
西南交大	机械设计制造及其自动化	132	—	46	101	77
华中科大	机械设计制造及其自动化	217	76	35	173	80
华东理工	过程装备与控制工程	86	52	60	75	87
合肥工业	机械设计制造及其自动化	140	83	59	—	—
大连理工	机械设计制造及其自动化	154	80	52	—	—
	过程装备与控制工程	33	24	60	31	94
	材料成型及控制工程	39	23	59	29	75

说明：由于工程教育专业认证的对象是本科教学专业，而不是院系，因此个别学校的机械类专业由不同院系共同开设，或者同一个院系下设不同专业，此表中在编教师总数是与该专业相关的教师总数。

资料来源：全国工程教育专业认证专家委员会，各学校机械类相关专业《工程教育专业认证自评报告》，内部资料。

这些学校都是进入"985 工程"和"211 工程"的研究型大学，基本都是以工科为主要特色、多学科共同发展的综合性大学，能够在一定程度上代表中国研究型大学的工程教育现状。那么，从这个角度来看，研究型大学的工科教师队伍非工化趋向并不严重，各学校的工科专业有相当一部分教师有不同程度的工程经历。

从表 8-2 中可以看出，当前研究型大学的工科教师中，有广义工程实践经历的比例较高，有狭义实践经历的教师数量相对少一些。从这几所学校的实际情况来看，后者的数量平均是前者的一半左右。也就是说，有一半的工科教师的实践经验止步在实验室的模拟阶段，没有参与产品从原型到现实的过程。但整体上来说，这些学校机械类专业的教师队伍实践经历的构成，还是比较符合上文所分析的不同类型学校对工科教师队伍实践经历的需求，即有一定比例具有企业实践经历的教师和大部分科学研究和产品研发、设计能力强的教师。

表 8-3 是美国部分学校工科专业具有工程实践经历的教师数量及比例。由于数据限制，能够全面获得教师的具体工程实践经历的学校和专业有限，因此该表仅列举了两所大学的 4 个专业的情况，且仅包括参与了狭义工程实践的教师人数。虽然数据有限，但是对比中国工科专业的情况，中美两国研究型大学工科专业的教师队伍中，有过企业工作经历的教师比例大致相当，超过 1/3 的教师都有这样的工程实践背景。

表 8-3　美国部分研究型大学工科专业具有工程背景的教师数量*

学校	专业	在编教师总数	在企业从事过工程工作的教师人数	占教师总数的比例（%）
麻省理工学院	机械工程系	90	38	42.2
	航空航天系	40	34	86
	电子与计算机系	61**	31	50.8
伊力诺依香槟分校	机械科学与工程系	50	27	54

说明：*由于工程教育专业认证的对象是本科教学专业，而不是院系，因此个别学校的机械类专业由不同院系共同开设，或者同一个院系下设不同专业，此表中在编教师总数是与该专业相关的教师总数。

**由于数据不全，此人数仅包括回收问卷的部分。该系实际教师人数为 185 人左右。

那是否就说明当前研究型大学工科教师的工程实践能力没有问题呢？这种现状是否具有可持续性，能够保证研究型大学工程教育在未来一段时间的需要呢？接下来，我们再深入比较两国工科教师队伍实践经历的内部结构，主要包括教师参与工程实践的时间和具体岗位，来分析这些经历是否能够满足研究型大学工程教育的需要。

第四节　研究型大学工科教师工程实践经历的结构特点

笔者选取了表 8－2 和表 8－3 中部分中美研究型大学工科专业全职教师的简历进行了梳理，按照上文所提到的工程企业主要职能分工进行了分类，并统计了不同年龄段的教师参与工程实践的年限，以深入分析工科教师队伍工程实践经历的特点。

表 8－4 是中国大连理工学院机械设计制造及其自动化专业教师队伍的统计结果。该专业 50% 以上的教师（67 人）都有过企业全职工作经历，其中，担任实习生、工人和技术员岗位的人数分别是 11 人、8 人和 20 人，研究员 11 人，工程师和管理者分别为 13 人和 4 人。作为技术员在企业工作的人数最多，占有全职企业工作经历教师数的 31%，其次是工程师和研究员，各为 19%，最少的是管理者，占总数的 6%。教师在企业平均工作年限为 4 年，最短的仅半年，最长的达 17 年。从年龄层次看，年龄越大的教师有过工作经历的时间越长。60 岁以上有企业工作经验的仅 1 人，工作时间为 10 年。50~59 岁年龄段在企业工作的平均时间较长，为 6 年，30~39 岁的最短，不足 2 年。

中国清华大学材料科学与工程系的在编全职教师共有 60 名，14 人（23%）有过在企业工作的经历。从工作岗位来看，担任"研究员"职位的教师人数最多，为 8 人，占有企业工作经历的 57%，其次是工程师（3 人，21.4%）。从年龄段来看，40~49 岁之间的教师有过企业工作经验的最多（7 人，50%），其他年龄段人数较少，分布也比较均匀。

从平均工作时间来看，70 岁以上年龄段的工作时间最长，为 33.5 年（但由于 70 岁以上的教师样本仅有 1 位，统计意义不大）。其次是 60 ~ 69 岁年龄段的教师，平均在企业全职工作的时间为 7.0 年。最短的是 50 ~ 59 岁年龄段的教师，仅为 1.5 年（见表 8 - 5）。

表 8 - 4　中国大连理工学院机械设计制造及其自动化专业专任
教师企业全职工作经历时间和岗位统计

年龄段	小计	平均工作时间（年）	工作岗位（人）					
			实习	研究员	工人	技术员	工程师	管理者
30 ~ 39 岁	24	1.9	8	2	1	10	3	0
40 ~ 49 岁	30	4.7	3	7	2	8	7	3
50 ~ 59 岁	12	6	—	2	5	1	3	1
60 岁以上	1	10	0	0	0	1	0	0
合计	67	4	11	11	8	20	13	4

资料来源：全国工程教育专业认证专家委员会，各学校机械类相关专业《工程教育专业认证自评报告》，内部资料。

表 8 - 5　中国清华大学材料系专任教师企业全职工作经历时间和岗位统计

年龄段	小计	平均工作时间（年）	工作岗位（人）			
			研究员	工人	工程师	管理者
30 ~ 39 岁	2	2.5			2	
40 ~ 49 岁	7	5.6	5		1	1
50 ~ 59 岁	2	1.5	2			
60 ~ 69 岁	2	7.0		1		1
70 岁以上	1	33.5	1			
合计	14	6.8	8	1	3	2

美国麻省理工学院航空航天专业 88% 以上的教师（35 人）都有过企业工作经历。由于大多数教师都在企业担任过不同的职务，所以对麻省理工学院的统计引入工作岗位人次的概念，方便计算比例。美国大学的工科教师与中国教师在企业的岗位有很大的差别，没有担任工人岗位的教师，担任实习生和技术员岗位的教师数量很少，分别是 1 人次和 2 人次。几乎所有有过企业工作经验的教师都有参与过企业咨询

（86%），这个比例在40岁以上年龄段的教师中基本接近100%。1/3左右的教师担任过工程师的岗位，并且随着年龄的增长，有过工程师经历的教师比例逐渐提高，这个趋势同样符合担任管理者岗位的工科教师。从工作时间来看，各年龄段的教师在企业工作的平均时间比较均衡，只有30～39岁年龄段教师的工程实践经历明显较少（见表8－6）。

表8－6　美国麻省理工学院航空航天专业专任教师企业工作经历时间和岗位统计

年龄段	人数小计	岗位工作人次	平均工作时间(年)	工作岗位(人/次)					
				实习	研究员	咨询师	技术员	工程师	管理者
30～39岁	8	13	1.5	1	3	5	0	3	1
40～49岁	13	21	7.5	0	3	13	2	2	1
50～59岁	5	8	10	0	2	4	0	1	1
60～69岁	6	13	8.5	0	1	5	0	4	3
70岁以上	3	9	8.6	0	1	3	0	2	3
合计	35	64	7.3	1	10	30	2	12	9

麻省理工学院大学机械系有过企业实践经历的教师比例较航空航天系少，90人中仅有35人（39%）。随着年龄的增加，参与实践的时间逐渐增加，70岁以上的平均实践时间接近16年。同样，工作岗位最多的是咨询师，共有63%的教师以企业咨询的形式参与实践。该系40～49岁年龄段教师人数较少，有实践经历的教师人数是所有教师中最少的年龄段（见表8－7）。

表8－7　美国麻省理工学院机械工程系专任教师企业工作经历时间和岗位统计

年龄段	人数小计	岗位工作人次	平均工作时间(年)	工作岗位(人/次)					
				实习	研究员	咨询师	技术员	工程师	管理者
30～39岁	4	5	3.1	0	1	3	0	1	0
40～49岁	4	4	5	0	0	2	0	0	2
50～59岁	14	23	9	0	6	8	1	4	0
60～69岁	10	11	19	0	3	6	0	1	4
70岁以上	3	5	15.7	0	1	3	0	1	1
合计	35	48	11.1	0	11	22	1	7	7

对比中美两国这两所大学类似工科专业教师的工程实践背景，可以发现两个显著的区别。

一是工作岗位的区别。中国大学的工科教师在工程实践中的工作岗位最集中的3类是技术员、工程师和实习/研究员。美国麻省理工学院航空航天专业的教师在实践中的主要角色是咨询师、工程师和研究员。最大的差别在咨询师和技术员。正如上文所述，技术员的工作比较偏实践，所需要的综合能力比较低；而咨询工作是美国高校的教师所普遍担任的工作，它是大学服务职能的体现之一，也是"大学—企业"关系的一种"传统的合作机制"（埃兹科维茨，2008）。咨询工作通常是工科教师利用学校的实验室或企业实验室帮助企业进行产品测试、小型研究，甚至是管理建议。教师因此可以获得一笔可观的收入，甚至获得支持基础研究的经费。高校教师参与咨询自19世纪就开始出现，经过长期的发展，已经成为校方认可的一种方式。从根本上说，咨询在大部分时候都是一种研究工作，与研究员的岗位非常类似。但有部分教师通过咨询获得企业的股份，实际上参与到企业的管理过程中。因此，大部分咨询工作可以归类到研究人员的类别中。这样一来，美国大学工科教师以研究人员身份参与实践的比例就大大增加。这充分体现了研究型大学的特色，也发挥了研究型大学工科教师的优势。可以预见，未来在中国的高校，以这种形式参与企业实践的教师比例也会增加。

还有一部分中国教师在企业当过工人，这与中国的时代背景是密不可分的。"文化大革命"时期，有很多知识青年在农村和工厂参加劳动；"文化大革命"结束后的高考，又给很多以前在工厂工作的人创造了上大学的机会，因此，从上面的统计看出，50~59岁的教师中有部分有过在企业当工人的经历。但改革开放以后，有过这样经历的教师越来越少。可以预见，随着经历过"文化大革命"的教师逐渐退休，新一代的教师成长起来以后，以工人身份参与过工程实践的教师将基本消失。

二是参与实践的时间。美国工科教师每个年龄段参与全职工程实践的时间都明显长于中国，这与美国大学的人事管理制度有明显关系。第一，每个教师都有比较固定的学术休假时间，例如，麻省理工学院规定，每个教师在全职工作 6 年以后，可以获得半年带薪或全年半薪的学术休假。① 很多教师利用学术休假的时间到企业参与实践的工作。第二，美国高校教师的招聘渠道多元化，教师的职业发展途径也各有不同。由于美国培养博士的时间较长，企业界的很多工程技术人才都有博士学位，而企业界和学术界的岗位之间没有太多的障碍，只要个人能够达到学术界的要求，他就可以从企业界的岗位转到大学。这也得益于美国企业本身科研水平比较高，工程师和管理人员自身的实力非常强。有些大学的教师还会选择长时间离开大学，完全投入企业工作，等企业的运作比较成熟了，再回到高校。所以工科教师与实践者之间的界限并不明晰，甚至不需要学校专门要求教师参与实践。第三，学校认可教师在不影响正常教学科研工作的前提下合法参与企业工作。在大学教师刚开始参与创业、企业管理或咨询工作时，美国的高校内部也产生了很大的争议，人们担心这样会影响学校正常的秩序。但支持者认为教师的工程实践经历能够加强教学和科研工作，教师可以把企业最先进和最新的技术和问题带到课堂和研究中。大学在谨慎地考虑之后，实施了"五分之一"制度，即大学教师每周可以有一天的时间参与企业的工作。另外，教师将职务内的科研成果转移到产业界的做法也是受到鼓励的，特别是研究型大学的工科教师，有相当一部分依靠自己的科研成果成立了公司，实现了技术转移。

这样的原因使得中国研究型大学的教师获得更多的工程实践经历，特别是在企业以工程师、技术员或管理者等岗位参与的实践变得尤为困难。历史积累下来的有工程实践经历的教师将逐渐退出教师队伍，而当前的教育管理体制又制约了新的教师获得实践经历或者从高校外部引进企业界的人。虽然从数量和岗位性质来看，现状基本符合研究型大学教学和科研的需求，但狭义的工程实践对研究型大学也有重要的意义。

---

① 　MIT Policies and Procedures: A Guide for Faculty and Staff Members, 7.5.1 Sabbatical Leaves for the Faculty, http://web.mit.edu/policies/7/7.5.html.

第五节　组织文化视角下的工程实践经历结构

对工程实践背景的要求，实际上是希望教师对整个产品的生命周期有全面的了解，熟悉整个过程中的可能性和制约条件。因为研究型大学的工科教师最终很少会直接参与到工程产品的生产过程中，了解产品的生命周期是为了更好地促进基础理论和工程技术、方法的研究和改进，也能更好地培养学生的工程观念和意识。在教师全职参与企业工作有困难的条件下，当前为了提升研究型大学工科教师的水平，特别是实践的经验，更重要的是通过适当的方法培养教师的"工程观"，使工程生产的周期成为科研和教学的大背景，为工科教师的发展营造更好的环境。这也是当前中美两国一些工程教育研究和改革所要传递的信息，例如中国的"全面工程教育"和美国的 CDIO（构思－设计－实施－操作，conceive－design－implement－operate）理论。

虽然上文的一些数据表明，中美两国研究型大学工科教师都有丰富的工程实践经历，但在内容和数量上的区别却非常明显，这主要因为两国高校对教师参与校外工作所具有的不同态度和制度带来的文化差异。上文所提到的岗位和实践时间的不同，归根结底是学校（研究）与企业（实践）之间的关系不同。中国的产学关系比较疏远，在企业生产的各个环节中，高校教师的参与程度都比较浅，高校的研究成果向市场转化的比例也较小。而美国的产学关系密切，教师大量参与到企业的研究咨询中甚至亲自参与创业，而且从大学的制度上得到鼓励，例如学术休假制度，"五分之一原则"，教师招聘渠道的开放性与多样性等。

第六节　本章小结

本章首先从工程实践的内涵入手，讨论了工科教师工程实践经历的分类以及分析方法。其后，通过部分研究型大学工科专业的统计数据发

现，中国研究型大学工科教师的工程实践经历比较丰富，在企业从事过工程类工作的教师占在编教师总数的 30% ~ 60%，有工程实践经历的教师占 60% 以上，有的学校甚至达到 100%，与已有研究认为中国工科教师缺乏工程实践经历的结论有所不同。

本研究以具体学校工科专业的教师简历为基础，采用传记研究的方法，进一步探讨了中美两国研究型大学工科教师工程实践经历的特点。研究发现，中美研究型大学的工科教师都大量参与了研究型的工程实践，即工业生产的研发环节。随着大学与企业关系的密切，工科教师的科研工作涉及了大量工程的实践，甚至有些教师还直接参与到工业产品的生产过程中。美国工科教师由于大量参与企业咨询和创业活动，同时大量利用学术休假参与企业的工作，使教师参与工程实践的比例和时间都高于中国。很多研究认为当前工科教师参与工程实践的经历不足，本研究的数据却表明教师与工程实践的距离实际上缩短了，特别是研究型大学的教师，他们与企业有很好的合作基础。但是对研究型大学的工科教师来讲，参与工程实践最根本的目的是了解工程科学技术发展的趋势，因此，工科教师更应该全面了解工业生产周期，树立"工程观念"，参与与前沿发展相关的工程实践。

第九章
研究型大学工科教师队伍结构优化

中国高等教育从 1999 年开始经历了一次大规模的扩张，教师总量规模虽然有大幅的提高，但其增长速度却不及学生的增长，因而经过 10 年的发展，教师总量缺乏，师资严重不足，工科尤为突出。同时由于我国教师队伍的聘任、培养和管理中的问题，使全国高校的教师呈现出很多问题，例如：结构性短缺，学历偏低，综合素质不高，行业和地区分布不均等（陈劲等，2006）。由于我国的研究型大学一直以来都是国家重点发展的对象，获得了很多宝贵的资源，研究型大学工科教师的整体水平远远高于全国，有结构相对良好的教师队伍。但同时，研究型大学工程教育的发展对工科教师队伍的要求也更高，现有的教师队伍是否能够达到这样的要求，提供高质量的研究型工程教育呢？在前面的章节，本书通过大量的数据描述了中美两国高等教育以及研究型工程教育的教师队伍结构特点，从不同的维度进行了多层次的对比。本章将在总结归纳这些结构特征的基础上，从组织文化的角度分析其深层次的优势与不足，进而提出对教师队伍结构优化的建议。

第一节　中国研究型大学工科教师队伍的结构特征

表 9-1 概括了前面的章节对中美两国高等教育及研究型大学工科

教师队伍的分析结果。通过两个国家 6 个维度 3 个层次的比较，我们对研究型大学工科教师队伍的基本特征有了一定的了解。本节将从这些基本特征中归纳总结出研究型大学工科教师队伍的优势与不足，再运用组织文化的视角分析这些优势与不足给工科教师队伍所带来的深层次问题，为下文提出教师队伍结构的优化政策奠定基础。

表 9 - 1　中美普通高等学校和研究型大学及其工科教师队伍的结构特征

结构要素		全国整体	全国工科	研究型大学	研究型大学工科
本科生师比	中国	16	21	4.7	6
	美国	14	12	6.5	4
研究生生师比	中国	1	1.3	4	5
	美国	2	3	4.1	5
平均年龄	中国	39		50	45
	美国	48	45	50	50
博士学位比例	中国	（本科学历超过 50%）		30% ~ 80%	80%
	美国	>50%		>80%	100%
最高学位从本校获得的比例	中国	50%			60%
	美国				50%
学衔结构	中国	金字塔	金字塔	纺锤	纺锤 - 倒金字塔
	美国	哑铃		纺锤 - 倒金字塔	倒金字塔

一　研究型大学工科教师队伍的基本结构和优势

第一，研究型大学工科教师队伍年轻，科研生产力强。

中国高校的教师年龄整体呈现年轻化的趋势，全国教师的平均年龄比美国低近 10 岁。随着学校层次的提高，教师平均年龄也逐渐增加，研究型大学的教师平均年龄与美国基本持平。

在多数工程科学领域，学者取得创造性成就的最佳时期普遍偏低，因而工科院系的教师年龄相对较低，呈现年轻化的特点，说明中国研究型大学的大部分教师处在学术生产的黄金时期，是一支有活力的教师队伍。

第二，研究型大学工科教师中博士学位获得者比例较高，且能在短时间内通过自然更新达到理想水平。

教师学历偏低一直以来都是国内研究者认为影响中国高校水平的重要原因。从全国来看，本科学历层次的教师超过了50%，确实与美国等国有很大的差距，这在很大程度上是由于历史原因造成的。但研究型大学得益于近年来的快速发展，教师的学历层次已经有了很大的提升，部分学校已经逐渐接近美国的水平。近年来，中国工科博士在校生的培养规模日益增大，为高校师资队伍提供了很好的后备力量，在海外获得博士学位回国任教的个人也越来越多，中国研究型大学已经把博士学位作为教师招聘的基本条件。随着时间的推移，研究型大学工科院系能够通过自然更新，将教师的学历水平提高到与美国基本相当的水平。

高学历教师数量较少的问题将很快不再成为影响研究型大学水平的因素，未来的发展应该更加重视学历的质量。

第三，研究型大学工科教师从本校获得最高学位的比例较高。

美国研究型大学的教师在本校获得博士学位的人数随着学校排名的提高而增加。一些著名的研究型大学的教师中有超过1/3来自本校的博士毕业生。工科专业由于更加依赖团队的工作，教师的传承性很高，学缘结构相对于其他专业更加单一，美国研究型大学工科专业教师中本校博士毕业生的比例接近50%，中国的这一比例则在55%左右。从数量上看，中国研究型大学工科教师的学缘结构与美国都呈现比较单一的趋势。

美国研究型大学工科专业90%以上的教师在美国国内获得博士学位，而中国仅有70%，教师的国际化教育背景更丰富，这与近年来中国高校大量引进海外留学人员有密切的关系。

第四，研究型大学工科教师工程实践经历比较丰富，以研究型岗位为主。

研究型大学主要应该培养研究人员和以研究设计为主的工程师，以及一部分管理者。相应的，工科教师需要具备较高的工程产品的研究、开发和设计能力，而且对科学技术发展具有一定的前瞻性，在现有的技术和方法基础上探索更先进的技术和方法。因此，研究型大学的工科专业应该有一定比例具有企业实践经历的教师和大部分科学研究和产品研发、设计能力强的教师。

中国研究型大学工科教师中实践经历的教师比例较高。在企业从事过工程类工作的教师占在编教师总数的 30% ~ 60%，有工程实践经历的教师占 60% 以上，有的专业甚至达到 100%。大多数以研发型工作为主，有 1/3 左右有现场实践的经历。但中国研究型大学的工科教师参与工程实践的时间较短，且岗位层次较低，有现场工程经验的教师仍然偏少。

二　研究型大学工科教师队伍的不足

第一，研究型大学工科教师队伍数量不足。

生师比能体现一个学校的目标和定位。研究型大学的工科教育要培养高层次的工程科技人才来大量承担科学研究和社会服务的工作。中美研究型大学都保持了很低的本科生规模，通过控制本科生的数量来保持精英型高质量的本科工程教育。同时，由于研究职能的需要，研究型大学在研究生，特别是博士生的培养中起到了重要的作用，因而有较高的研究生生师比。一些顶尖学校的工科专业研究生数量都超过了本科生，在学生培养层次上往高端发展。

中国研究型大学工科专业都大致体现了这些趋势，但平均水平仍然高于美国。学生数量相对较多，工科教师数量稍显不足。个别院系的本科生数量过多，教师的本科生教学任务繁重，与研究型大学的定位有所偏差。工科研究生的生师比与美国基本一致，但结合近年来研究生规模增长较快的现状，未来应该适度控制研究生的增长速度，将生师比维持在现有的水平。

第二，研究型大学工科教师的学术领导力不足。

学术领导力的不足主要表现在两个方面，一是队伍年轻，二是高学衔教师人数偏少，三是教师获得各级学历教育的学校层次普遍偏低。

年轻学者在学术生产力上虽然有优势，但经验和学术领导力上也有欠缺，特别是在学术前瞻性及学科队伍建设上面经验不足，难以承担起引领学科发展的重任。而且从数量上看，这样的年龄分布也给未来教师队伍建设造成很大的压力，有数量很多的年轻教师等待晋升，但年长的学者数量较少，在现有的队伍结构和数量框架下，即使等到他们全部退休，所空缺的岗位数量也是有限的，这就给年轻教师的职业成长带来许多问题。

学衔代表了教师本身所具有的学术水平，反映了教师的教学和科研能力，也代表了教师在学校内的身份。学衔结构因高校类型、学科专业分布、人才培养规格和教师的学历层次而呈现出不同的特点，层次越高的大学有高级学衔的教师越多。从理论上讲，研究型大学一般呈倒金字塔形；教学与科研并重的大学呈"纺锤体形"；以教学为主的学校，教师队伍呈"金字塔形"。美国的研究型大学教师队伍都呈倒金字塔形，并且教授的数量远远高于副教授和助理教授的数量。中国研究型大学的教师队伍基本以纺锤体型为主，高学衔的教师数量过少，不符合研究型大学的定位，影响了教师队伍的学术水平。

中国教师获得学位的学校层次相对较低，这是影响教师学术领导力的另一个关键因素。中国研究型大学工科教师中获得全球顶尖大学学位的教师数量较少，虽然超过 70% 的教师都有海外留学经历，且在任教之后还有多次访问国外高水平大学的机会，但总的说来，教师留学的学校的综合排名和国际声誉都比较有限。而美国的研究型大学一般都有固定的毕业生交换圈，特别是一些顶级的大学，通过这种途径来减少近亲繁殖，也能确保教师的质量。

第二节　研究型大学工科教师队伍结构特征的组织文化分析

本书的第五章到第八章以教育组织的文化层次为框架，分别从中美两国高等教育体系、工程学科和研究型大学三个层次讨论了教师队伍的结构特点，主要目的是希望从背景环境中发现研究型大学工科教师队伍中所存在的问题的根源。由于本书主要把教师队伍作为一个整体的组织来研究，尚未涉及教师个体的问题，所以设计了6个衡量结构特征的要素，与研究的三个层次构成了矩阵形的研究框架。通过这样的分层研究，我们可以看出，有部分特征是研究型大学的工科教师队伍所特有的，有部分特征是工程教育的学科特色所带来的，也有一部分特征根植于整个高等教育体系，针对这三类不同性质的特征及其赋予工科教师队伍的优势或者劣势，我们应该有不同的应对措施。首先，我们把上述的特征和不足按照这三种类型进行一个归类。

中国的研究型大学由于长期以来高质量的办学，形成了自身的特色，积累了良好的办学基础，同时也受到国家和政府的重点建设，在很多方面有其独特的优势，大大超过全国的平均水平。在上述教师队伍的结构特征中，研究型大学工科教师队伍的学历普遍很高，高学衔的教师人数较多等都体现了这一点。

工程学科有着不同于其他学科的明显特点，例如对团队合作的强调，对实践工作的重视等。工程科学知识和技术的更新速度很快，但是对一个工科专业来讲，其研究的领域和方向有很大的传承性，因此工科教师队伍呈现出教师平均年龄偏小以及学缘结构比较单一的特点。平均年龄偏小说明工科教师队伍有较多年轻的教师，他们能够给工程教育带来充足的活力和生产力，同时，学校也借助年轻教师的招聘不断给工程教师队伍补充新鲜的血液，以满足日新月异的新知识和新技术的需求。另外，由于中国对工程科技人才的大量需求，导致各级工程教育的生师比都较高，给工科教师带来较重的教学负担。即使在研究型大学，本科生的数量也都高于研究生的数量，对教师平衡教学与科研提出了更高的要求。

中国研究型大学的工科教师队伍所具有的特点更多的是根植于高等教育体系所带来的文化性中，也就是说，这些结构特征与整个高校教师队伍的特征具有同构性，主要表现为教师数量不足，学衔层次较低，工程实践的内容比较单一。这些现象的出现带给工科教师队伍一个根本性的问题：教师队伍流动性不足。流动性既包括学术圈内，即不同高校之间的相互流动，也包括学校与企业界之间的流动，既有毕业生的流动，也有教师和工业界人士的流动。

前面几章的内容也多次提到流动性的问题，此处对涉及流动性的结构要素以及中美两国工科教师的流动方向进行一个简单的总结。

中国的研究型大学工科教师队伍主要是向国外高校流动，而与其他研究型大学、其他类型大学工科教师队伍以及企业界之间的流动比较少（见图 9 - 1）。由此，由于没有足够的流动性以及高校固定的岗位定额，在数量上，研究型大学工科教师队伍的规模比较稳定；在结构上，主要依靠教师年龄的自然增长实现队伍的更替。国内的科研经费大量向重点研究型大学倾斜，造成学术资源的不均衡，因而在其他类型学校的教师很难平等地获得同样的研究资源，造成研究型大学与其他研究型大学以及其他类型高校的教师流动的有限性，决定了研究型大学工科教师队伍的建设主要依靠校内自己的培养，增加了年轻教师成长的压力，也加剧了工科教师学缘结构的单一性。与企业界流动的有限，则不利于教师工程实践能力的培养，也阻碍了学校研究成果的转化。教师与国外高校良好的流动，在一定程度上弥补了学缘结构的问题，也提升了教师队伍国际化的水平。但值得注意的是，中国研究型大学工科专业能够吸引到的

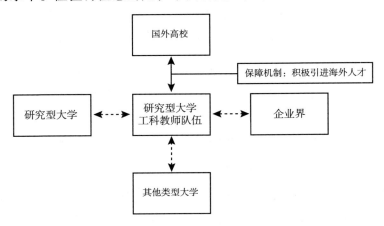

图 9 - 1 中国研究型大学工科教师队伍流动示意

外籍教师数量仍然比较少，主要还是国内高校毕业的留学生，因此，这种国际化主要是教师经历的国际化，与教师队伍的国际化有不同之处。

美国研究型大学工科教师队伍与其他研究型大学、其他类型的大学以及企业界之间的流动性都比较强，而与国外高校的流动相对较弱（见图 9 - 2）。与其他研究型大学的流动主要是通过毕业生的就业圈来实现的，保证研究型大学能够留住高水平的毕业生；由于企业自身对研发的重视以及高校与企业的密切合作，企业界的从业人员与高校教师之间也有很好的流动性；不论在任何学校，教师都有相对平等地获得研究项目的机会，因此选择其他类型学校的毕业生如果有很好的成就，仍然有回到一流研究型大学任教的可能性。但美国研究型大学的教师与国外高校之间的流动较少，部分由于美国的教育水平已经处于国际领先，所以大量聘用本国的毕业生。但美国研究型大学教师队伍的国际化并未因此受到影响，因为在美国的高校吸引了足够多元化的留学生，为教师队伍提供了国际化程度很高的后备力量。

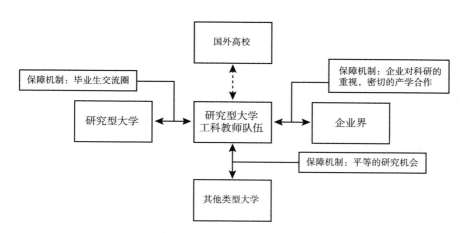

图 9 - 2　美国研究型大学工科教师队伍流动示意

第三节　优化研究型大学工科教师队伍结构的建议

从上一节的分析和总结来看，我国研究型大学的工科院系已经拥有一只水平较高的教师队伍，教师的各方面结构都极大地优于全国平均水平，为研究型大学工程教育的教学、科研和社会服务做出了巨大的贡献。但同时，与国际一流大学相比，我国的研究型大学工科教师队伍在某些方面仍然存在一些不足，数量和结构上都有不适应研究型大学发展目标的方面。

结构优化的教师队伍是教师人力资源管理的根本目标，是促进高等学校可持续发展的重要手段。为了更好地发挥研究型大学工程教育对国家建设和社会发展的积极作用，提升我国高水平大学的学术水平和影响力，研究型大学的工科院系应着重在以下方面对教师队伍的结构进行优化。

第一，要适当增加教师的数量。相对于中国高等教育的整体情况来看，研究型大学的教师数量缺口并不算大，但研究型大学的教师要同时承担教学、科研和社会服务的任务，工作量繁重。当前研究型大学工科专业本科生在校生规模很大，研究生增长速度也非常快，与国外一流大学工科专业的教师相比，国内教师的教学任务相对比较大，特别是部分专业本科生数量过多，造成教师在教学投入上的时间过少，与研究型大学的目标定位也有一定的差距。因此，研究型大学应该适当增加教师的数量，同时个别工科院系要适当减少本科生的数量，控制好研究生的规模。

第二，提升教师队伍整体的学术领导力。研究型大学要培养高层次的工程科技人才，开展世界前沿领域的高水平研究，同时面向国家重点行业和社会需要提供专业服务。这就要求教师本身在学术领域具有很大的影响力，成为该学科的权威，同时，对本学科的发展有一定的前瞻性，既能够在教学和科研中有所创新，也能为学科团队的建设提出更好的建议。然而从前文的分析可以看出，现有的教师队伍的数个结构特征都体现出教师学术领导力的不足：教师年轻化、学衔层次较低以及获得学位的学校层次较低。因此，研究型大学的工科专业应该采取相应的措施调整教师队伍的年龄、学衔和学缘结构。从年龄来看，由于现有的队伍中年轻人过多，应适当补充中年学者的数量。由于中国的学衔结构与职称制度密切相关，学衔结构的调整需要人事改革的支撑和配合。在学缘上，鼓励已有教师到一流大学访学进修，对新进的教师学位获得学校应提出更高的要求。

第三，在确保教学科研质量的前提下，鼓励教师参与科技成果转化和创业活动。中美两国研究型大学的工科教师都通过国家重大项目和企业合作研究的方式参与了大量的工程实践活动，这对他们了解工业界的需求有着积极的意义。但与美国的企业相比，中国企业的研发能力和需求都相对比较弱，通过校企合作来丰富教师工程实践经历的机会相对较少，研究型大学和教师应该更加主动地去参与工程实践。创业型大学是研究型大学发展的一个新阶段，特别是国外一流的理工科类的院校，在这方面树立了很多榜样，既丰富了教师的经历，又使学校发展获得巨大的动力，还为国家的社会经济发展做出了贡献。

第四，建设一批高水平的研究型大学，构建良好互动的学术交流圈。学术的发展需要一个共同体，这样能够形成学术的交流和思想的撞击，对工程教育来说尤其重要，因为工程科技的发展越来越依靠团队的力量。美国在高等教育中的巨大成就也得益于一大批高水平的大学。中国凭借"985工程"和"211工程"等高水平大学和重点学科建设的项目，也圈定了一批水平较高的学校重点建设，但这些学校发展的水平参差不齐，尚没有一批真正达到高水平的学校，更谈不上形成良好的学术圈，不能给学生与教师的流动提供环境，这对国内高校学衔和学缘结构的不合理都造成了很大的影响。因此，教师结构的优化在很大程度上还依赖于高等教育的整体环境的改善。

第五，在管理中引入教师发展的理念，为教师提供多途径的提升机会，全面提高教师队伍的质量。本书第二章到第四章从工程教育发展的历史、当代工程教育的发展趋势以及研究型大学的工程教育的特点入手，分析了研究型工程教育对教师队伍在知识、能力和素质等方面的需求，主要包括以下几点。

● 教师应掌握本学科高深和前沿的知识，熟悉学科知识的结构体系；

● 教师应具备全面的综合能力，包括教学能力、研究能力、工程实践经历、领导能力、人际交往能力、团队合作能力、终身学习能力、创新能力以及社会服务的能力；

● 教师应具备高尚的职业道德和全面的人文素养，有强烈的社会责任感。

上文所提出的措施，主要是通过优化教师结构的方式，使教师队伍的知识、能力和素质更好地达到研究型大学工程教育的需求。例如教师中博士学位获得者的比例较高，能够确保教师有较好的知识积累和研究能力的训练；教师队伍中有很大一部分有两国以上的教育背景，在职期间也有丰富的出国访问、跨国合作和参加学术会议的机会，极大地提升了教师的跨文化交流能力；教师队伍中也有相当多的个人以各种不同的形式参与了企业的研发和生产活动，既发挥了大学为社会服务的职能，又积累了工程实践的经验。

但同时，有一些能力和素质并没有体现在教师结构中，例如教学和创新能力。虽然本书并没有专门研究工科教师队伍在这方面的水平，但作为结构优化的补充，笔者建议研究型大学及其工科院系引入教师发展的理念，使教师通过各种途径、方式的理论学习和实践，使自己各方面的水平，特别是教学水平，持续提高，不断完善。（潘懋元等，2007）教师发展不同于一般的教师培训，更多地关注教师成长的主体性和自主性，将教师水平的提升作为教师职业内在发展的需求；从时间跨度上看，教师发展包括了职前和职后的教育和培训，在内容上，涉及学术水平的提高，教师职业知识、技能的提高，师德的提升等方面。

美国的高校从 20 世纪 70 年代开始兴起了教师发展的理念，特别是在如何提高教师的教学能力上进行了很多研究和实践，工程教育也逐渐开始关注教师发展，以弥补工科教师在综合能力上的不足。通过研讨班、工作坊和教学评估等形式帮助教师了解心理学、教育学和社会学的内容，提高教师对学习认知的了解；在学校和院系的层面设有专门的教学中心，有专业的人员为教师提供关于课堂教学、课程设计及学生评价等方面的咨询。关注不同年龄段教师对职业发展和能力培养的需求，分阶段开展职业发展活动。

国内高校的教师发展主要针对新入职的教师开展教学训练。教研室曾经一度成为教学经验传授很好的载体，教学经验丰富的教师可以通过"传帮带"的形式带领新人发展，但随着研究职能的加强，教研室被研究所取代，年轻教师的教学能力培养没有得到足够的重视。

另外，国内高校对教师作为一种独立职业的发展重视不够。教师发展关注教师的职业活动能力，包括学科研究和学术能力，以及个人学术职业的管理。研究型大学的教师要成为学科领域的专家，要掌握学科前沿知识和最新的研究方法。虽然他们都通过漫长的教育经历具有了很好的基础，但是在知识经济时代，除了要求他们坚持终身学习的理念，从管理者的角度，也要帮助教师获取目前及将来工作所需的知识和技能。

第十章
结　论

全球化带来了飞速发展的科学技术，新的经济增长模式以及综合国力竞争的升级，同时，也让世界各国面临了同样的环境、能源和老龄化等问题的挑战，工程教育因此获得了一个巨大的发展空间和契机。

结论一：研究型大学工程教育需要一支有高深的前沿知识、卓越的研究能力、强大的学术领导力、丰富的工程实践经验和高尚的道德品质的工科教师队伍。

中美两国的工程教育都呈现出新的发展趋势，对工科教师的数量和质量也提出了新的要求：需要一支经过充分的教育教学训练的教师队伍；一支综合能力强的教师队伍；一支国际化的教师队伍；要求教师具有适应工程教育终身学习和创新的能力，具备一定的实践能力和经历，与企业和工业界有密切的联系。

研究型大学是高等教育的"领跑者"，要在工程教育领域培养研究开发型的高层次工程技术人才和开展高水平的工程科学研究，工科教师因此要面临更繁重的教学、科研和社会服务的任务，必须具备更高的综合素质来平衡各种任务之间的矛盾。

●教师应掌握本学科高深和前沿的知识，熟悉学科知识的结构体系；

●教师应具备全面的综合能力，包括教学能力、研究能力、工程实践经历、学术领导能力、人际交往能力、团队合作能力、终身学习能力、创新能力以及社会服务的能力；

●教师应具备高尚的职业道德和全面的人文素养，有强烈的社会责任感。

结论二：当前中国研究型大学工科教师队伍最大的问题在于缺乏足够的学术领导力。

研究型大学要培养高层次的工程科技人才，开展世界前沿领域的高水平研究，同时面向国家重点行业和社会需要提供专业服务。这就要求教师本身在学术领域具有很大的影响力，成为该学科的权威，同时，对本学科的发展有一定的前瞻性，既能够在教学和科研中有所创新，也能为学科团队的建设提出更好的建议。但中国研究型大学现有的教师队伍的数个结构特征都体现出教师学术领导力的不足。

工科教师队伍年轻化，平均年龄比美国研究型大学工科教师低 5 ~ 10 岁，年轻教师数量较多。他们在学术生产力上虽然有优势，但经验和领导力上也有欠缺，特别是在学术前瞻性和学科队伍建设上面经验不足。

工科教师获得学位的学校层次相对较低，而且缺乏高水平的学术交流圈，容易造成近亲繁殖。

工科教师队伍中的学衔结构多呈"纺锤体形"，副教授多，教授和讲师少。少数专业能够达到美国研究型大学教师的"倒金字塔结构"。整个教师队伍中高学衔教师人数偏少，整体学术水平不足。

因此，研究型大学的工科专业应该采取相应的措施调整教师队伍的年龄、学衔和学缘结构。从年龄来看，由于现有的队伍中年轻人过多，应适当补充中年学者的数量。由于中国的学衔结构与职称制度密切相关，学衔结构的调整需要人事改革的支撑和配合。在学缘上，鼓励教师到一流大学访学进修，对新进的教师学位获得学校应提出更高的要求。

结论三：工程教育有三个重心：实践教育、科学教育和通识教育，工程教育的发展是在三个重心之间寻求平衡的过程，对工科教师的要求也随着重心的移动而变化。

工程教育的发展模式受到了三种内在力量的共同作用：科学（理论）、工程（实践）和普通知识。工程教育在发展过程中，这三种力量此消彼长，构成了工程教育在不同历史阶段的重心：实践教育、科学教育和通识教育。

实践性是工程教育最重要的特点，工程学科要将自然科学原理合理地应用到工业和日常生活中，解决现实的问题。以工程实践为重心的工程教育在中美两国都有非常长的历史，贯穿了从诞生期到目前的大部分历史。职业工程师或有工程实践经验的个人一直是工科教师队伍的重要组成部分。

科学的发展水平以及科学教育的水平也对工程教育有很大的影响，在二战以后更是极大地引导了工程教育的发展方向，研究型大学在此期间获得了很强的发展动力，吸引了大批工程科学家进入教师队伍。

工程教育在诞生时就选择了一种知识传授的通识教育模式，为了得到传统大学的接纳，它超越了单纯的工程技术教育，也没有采用法学院或医学院职业教育的模式，而是通过科学知识的传授和通识技能的训练，培养全面发展的高水平工程科技人才。这就要求工科教师受过良好的高等教育，在专门学科的知识和实践上有扎实的积累，并且关注教学本身。

但这并不意味着三种不同的方向是相互排斥的，发展某一方面就要放弃其他方面。理想的状态应该是三种力量反映出社会发展需求，形成一种平衡的状态。

在美国工程教育的发展过程中，科学、通识和实践三种因素的力量此消彼长，使美国的工程教育呈现出螺旋式发展的形式。而在中国，实践的力量一直比较强大，从工程教育诞生到改革开放前，工程教育都是以实践为主线的，改革开放以后转向发展科学化的工程教育。进入新世纪，在全球化、知识经济和综合国力竞争等因素的影响下，两国的工程教育都开始探索全面发展、培养综合素质高的创新型工程科学人才。

结论四：中国研究型大学工科教师队伍的结构特征。

数量略显不足；年龄结构年轻化，科研生产力强，但学术领导力不足；学历层次提高显著，且能在短时间内通过自然更新达到理想水平；从本校获得最高学位的比例较高，教师获得学位的学校层次偏低；高学衔教师人数偏少，整体学术水平不足；工程实践经历比较丰富，以研究型岗位为主。

结论五：优化中国研究型大学工科教师队伍的结构，提升其全面水平的建议。

需要适当增加教师的数量，并控制好学生的规模。提升教师队伍整体的学术领导力。在确保教学科研质量的前提下，鼓励教师参与科技成果转化和创业活动。建设一批高水平的研究型大学，构建良好互动的学术交流圈。在教育管理中引入教师发展的理念，全面提升教师队伍的质量。

参考文献

《工程教育专业认证研究与实践》编委会编《国内外工程教育专业认证资料汇编》，2008，内部资料。

《中国教育年鉴》编辑部：《中国教育年鉴 1949～1981》，中国大百科全书出版社，1984。

《中国教育年鉴》编辑部：《中国教育年鉴 1982～1984》，湖南教育出版社，1986。

Walter Kaiser 等：《工程师史——一种延续六千年的职业》，顾士渊等译，高等教育出版社，2008。

埃兹科维茨等：《大学与全球知识经济》，夏道源等译，江西教育出版社，1999。

埃兹科维茨：《麻省理工学院与创业科学的兴起》，王孙禺等译，清华大学出版社，2007。

蔡克勇：《以学生全面发展为本——一个重要的教育理念及教育改革》，《高等教育研究》2000 年第 5 期。

朝滋：《职称制度与职务制度的区别》，《中国高等教育》1994 年第 4 期。

陈彬、潘艺林：《实施全面工程教育改革工科教师非工化趋势》，《化工高等教育》2008 年第 1 期。

陈劲、胡建雄：《面向创新型国家的工程教育改革研究》，中国人民大学出版社，2006。

陈希：《面向工业界、面向世界、面向未来，培养卓越工程师后备人才——在"卓越工程师教育培养计划"启动会上的讲话》，2010 年 6 月 23 日，天津。

陈雨亭：《教师研究中的自传研究方法——对威廉·派纳"存在体验课程"的研究》，华东师范大学博士学位论文，2006。

陈苑、阎凤桥、文东茅：《北京市高校教师学缘关系与职业发展轨迹的调查与分析》，《大学》2008 年第 3 期。

德里克·博克：《美国高等教育》，乔佳义译，北京师范学院出版社，1991。

邓红利：《"癸卯学制"述论》，华中师范大学硕士学位论文，2007。

丁三青、张阳：《三位一体的工科教师培养体系研究》，《高等工程教育研究》2007 年第 6 期。

董乐山：《美国的科技进步与资本主义的发展》，《美国研究》1987 年第 4 期。

范德格拉夫等：《学术权力——七国高等教育管理体制比较》，王承绪等译，浙江教育出版社，2001。

费正清：《剑桥中华民国史》，上海人民出版社，1994。

冯友兰：《冯友兰自述》，中国人民大学出版社，2004。

谷贤林：《美国研究型大学教授权力分析及启示》，《中国高教研究》2007 年第 10 期。

顾建民：《自由与责任：西方大学终身教职制度研究》，浙江教育出版社，2007。

顾明远：《教育大辞典》，上海教育出版社，1998。

郭丽君：《大学教师聘任制》，经济管理出版社，2007。

国家教委工程教育考察团：《回归工程·多样化·宏观管理——赴

美考察报告》，《高等工程教育研究》1996 年第 1 期。

何东昌主编《中华人民共和国重要教育文献（1949～1975）》，海南出版社，1998。

胡建华：《现代中国大学制度的原点：50 年代初期的大学改革》，南京师范大学出版社，2001。

胡森：《波斯尔斯韦特教育大百科全书》9 卷，西南师范大学出版社、海南出版社，2006。

霍恩比：《牛津高阶英汉双解词典》（第 4 版），王玉章等译，商务印书馆、牛津大学出版社，1997。

罗茨曼：《中国的现代化》，江苏人民出版社，1998。

德斯勒等编《人力资源管理》（第 10 版），中国人民大学出版社，2007。

姜娟芳：《从学术目标的角度看大学教师评价》，《理工高教研究》2007 年第 4 期。

姜远平、刘少雪、刘念才：《美国一流大学教师学缘结构》，《教育》2007 年第 32 期。

姜远平、刘少雪：《世界一流大学教师学缘机构》，《江苏高教》2004 年第 4 期。

金铁宽：《中华人民共和国教育大事记（1949～1982）》，教育科学出版社，1984。

琚鑫圭等：《中国近代教育史资料汇编·实业教育·师范教育》，上海教育出版社，1994。

康宇：《建设世界一流大学：政策回顾与矛盾分析》，《黑龙江高教研究》2006 年第 5 期。

克拉克：《高等教育系统——学术组织的跨国研究》，王承旭等译，杭州大学出版社，1994。

雷环、爱德华·克劳利：《培养工程领导力引领世界发展——麻省理工学院 Gordon 工程领导力计划概述》，《清华大学教育研究》2010 年第 1 期。

李金春：《我国大学教师评价制度：理念与行动》，华东师范大学博士学位论文，2008。

李珺：《美国大学学缘结构对我国建设一流大学的启示》，《高等教育与学术研究》2007 年第 5 期。

李阳琇、刘洁：《美国大学后终身制评估模式及影响因素探析》，《复旦教育论坛》2007 年第 3 期。

李志峰、龚春芬：《大学教师发展：实践困境和矛盾分析》，《教师教育研究》2008 年第 1 期。

林健：《工程师的分类与工程人才培养》，《清华大学教育研究》2010 年第 1 期。

刘诚芳：《现代高校教师人力资源管理》，民族出版社，2007。

刘继荣、胡方茜、叶民：《论工科教师的工程素质》，《中国高教研究》1997 年第 6 期。

刘述礼、黄延复等：《梅贻琦教育论著选》，人民教育出版社，1993。

刘献君等：《中国高校教师聘任制研究——基于学术职业管理的视角》，科学出版社，2009。

马陆亭：《我国高等学校分类的结构设计》，《北京大学教育评论》2005 年第 3 期。

毛成、李东升等：《基于组织承诺的工科教师培养》，《高等工程教育研究》2010 年第 3 期。

茅以升：《工程教育之研究》，《工程》1926 年第 2 期。

欧内斯特·博耶：《关于美国教育改革的演讲》，教育科学出版社，2002。

潘懋元、罗丹：《高校教师发展简论》，《中国大学教学》2007 年第 1 期。

潘懋元、吴玫：《高等学校的分类与定位问题》，《复旦教育论坛》

2003 年第 3 期。

潘懋元：《高等教育学》，人民教育出版社、福建教育出版社，1984。

潘懋元：《新编高等教育学》，北京师范大学出版社，1996。

潘云鹤：《关于创新型工程科技人才培养研究》，《在"面向 21 世纪的创新型工程人才培养论坛"上的讲话》，2007 年 6 月 15 日，深圳。

彭静雯：《学科规训与工程教育科学化的突围》，《高教发展与评估》2013 年第 3 期。

乔连全、吴薇：《大学教师发展与高等教育质量》，《国际学术动态》2007 年第 3 期。

卿德藩、佘明亮：《工程教育中"工程化"不足的问题与对策》，《理工高教研究》2003 年第 5 期。

清华大学校长办公室：《清华大学统计资料简编（2009 年）》，2010 年，内部资料。

森特拉：《大学教师工作评估》，许建钺、赵世诚、高远译，北京航空航天大学出版社，1992。

生云龙：《清华大学教师学历与学缘结构的变迁》，《清华大学教育研究》2008 年第 29 期。

施华昀：《我国高校硕士生教育的生师比问题研究》，厦门大学硕士学位论文，2006。

史贵全：《中国近代高等工程教育研究》，上海交通大学出版社，2004。

舒新城编《中国近代教育史资料》（中册），人民教育出版社，1961。

斯格特：《组织理论》，黄洋等译，华夏出版社，2002。

斯坦利·恩格尔曼等：《剑桥美国经济史》，中国人民大学出版社，2008。

陶爱珠：《世界一流大学研究——透视、借鉴、开创》，上海交通大学出版社，1993。

　　腾祥东、任伟宁、杨冰：《应用型大学教师队伍结构模式的构建与优化》，《黑龙江高教研究》2009年第7期。

　　田正平、商丽浩：《中国高等教育百年史论——制度变迁、财政运作与教师流动》，人民教育出版社，2006。

　　王炳照、阎国华：《中国教育思想史》（7卷），湖南教育出版社，1994。

　　王怀宇：《教授群体与研究型大学》，华中科技大学出版社，2008。

　　王建、刘胜吉：《工科大学生工程素质和工程能力的培养与实践》，《社科纵横》2010年第25（5）期。

　　王孙禺等：《高等教育组织与管理》，高等教育出版社，2008。

　　王孙禺、孔钢城、雷环、邵小明：《改革开放以来我国高水平大学及其重点学科建设的回顾与思考》，《中国高教研究》2008年第4期。

　　王孙禺、孔钢城：《中国研究型大学建设的思考》，《北京大学教育评论》2009年第1期。

　　王孙禺、雷环：《〈华盛顿协议〉影响下的各国高等工程教育》，《中国高等教育》2007年第17期。

　　王孙禺、刘继青：《中国工程教育——国家现代化进程中的发展史》，社会科学文献出版社，2013。

　　王英杰：《美国高等教育的发展与改革》，人民教育出版社，1993。

　　王战军：《建设研究型大学应重点思考的若干问题》，《中国高等教育》2004年第1期。

　　王战军：《什么是研究型大学——中国研究型大学建设基本问题研究（一）》，《学位与研究生教育》2003年第1期。

　　王战军：《学位与研究生教育评估技术与实践》，高等教育出版社，2000。

　　王祖武：《学衔学位称谓小考》，《陕西教育》1998年Z1期。

　　王作权：《学缘结构：大学建设与发展的重要因素》，《煤炭高等教育》2002 年第 7 期。

翁路英：《教学研究型大学教学与科研职能的平衡路径》，《黑龙江教育：高教研究与评估》2009 年第 9 期。

吴启迪：《我国工程教育的改革与发展》，载《中国教育年鉴》编辑部《中国教育年鉴 2008》，人民教育出版社，2008。

吴松元：《关于建立高等工科教师培养机构的设想》，《江苏高教》1992 年第 1 期。

武书连：《再探大学分类》，《科学学与科学技术管理》2002 年第 10 期。

谢作栩、王康平、施华昀：《我国高校硕士生教育的生师比问题探讨——一所大学的调查分析》，《学位与研究生教育》2007 年第 3 期。

杨秀玉：《教师发展阶段论综述》，《外国教育研究》1999 年第 6 期。

叶芬梅：《当代中国高校教师职称制度改革研究》，中国社会科学出版社，2009。

叶菊艳：《美国研究型大学学术"近亲繁殖"防范制度的演变及其启示》，《北京大学教育评论》2010 年第 8（1）期。

于海洪、李昌满：《教师科学文化素养》，北京师范大学出版社，2010。

张德：《人力资源开发与管理》3 版，清华大学出版社，2007。

张光明：《工科院校教师素质面临的挑战与对策》，《中国高教研究》2002 年第 12 期。

张维、王孙禺、江丕权：《工程教育与工业竞争力》，清华大学出版社，2003。

赵韩强、赵树凯等：《试论高等工程教育师资队伍建设》，《理工高教研究》2006 年第 12 期。

赵红州：《科学史数理分析》，河北教育出版社，2001。

中共中央文献研究室：《建国以来重要文献选编（1949～1950）》，

中央文献出版社，1992。

中国工程院：《创新型工程科技人才培养研究》，2007，内部资料。

中华国民政府教育行政委员会：《大学教员资格条例》，1927。

中华民国临时政府教育部：《大学令》，1912。

中华人民共和国国务院：《关于实行专业技术职务聘任制度的规定（国发1986年27号）》，（1986 - 2 - 28），http：//www. rsj. cass. cn/zhengce/zhicheng/18. doc。

中华人民共和国教育部：教育部关于印发《普通高等学校基本办学条件指标（试行）》的通知（教发（2004）2号），（2004 - 02 - 06），http：//www. moe. edu. cn/edoas/website18/level3. jsp？tablename = 12&infoid = 8188。

中华人民共和国教育部：《2008年教育统计数据》，（2009 - 01），http：//www. moe. cn/。

中华人民共和国教育部高等教育司：《卓越工程师教育培养计划（征求意见稿）》，2010，内部资料。

中华人民共和国教育部计划财务司编《中国教育成就统计资料（1949～1983）》，人民教育出版社，1984。

中华人民共和国教育部人事司：《"长江学者奖励计划"发展报告（1998～2008）》，2009，内部资料。

中华人民共和国中央人民政府a：《国家中长期人才发展规划纲要（2010～2020年）》，（2010 - 6 - 6），http：//www. gov. cn/jrzg/2010 - 06/06/content_ 1621777. htm。

中华人民共和国中央人民政府b：《国家中长期教育改革和发展规划纲要（2010～2020年）》，（2010 - 7 - 29），http：//www. gov. cn/jrzg/2010 - 07/29/content_ 1667143. htm。

钟晓东、孙永波：《高校教师任务的不对称性及考核评价的改进》，《中国矿业大学学报》（社会科学版）2004年第2期。

周恩来：《过渡时期的总路线》，《周恩来选集》（下卷），人民出版社，1984。

周文霞：《美国教授终身制及其对中国高校教师任用制度改革的启示》，《中国人民大学学报》2003 年第 5 期。

朱高峰：《论我国工程教育的问题与对策》，《高等工程教育研究》1998 年第 4 期。

朱高峰：《关于中国工程教育的改革与发展问题》，《高等工程教育研究》2005 页第 2 期。

朱有巚：《中国近代学制史料》，华东师范大学出版社，1990。

朱雪梅：《中美高校教师年龄结构现状比较研究》，《文教资料》2010 年第 9 期。

左文龙：《我国高校教师评价机制的主要问题和几点建议》，《电子科技大学学报》（社会科学版）2007 年第 3 期。

Akins, T. M.. A Brief Summary of Cooperative Education: History, Philosophy, and Current Status//American National Academy of Engineering. Educating the Engineers of 2020: Adapting Engineering Education to the New Century. Washington DC: The National Academies Press, 2005.

America Association of University Professors. Contingent Appointment and the Academic Profession. 2003, www. aaup. org/statements/ApchState/contingent. htm.

American Society of Civil Engineers Task Force. The Scholarship Landscape in Civil Engineering: A Bridge Between Rhetoric and Reality, ASCE, Reston, VA, 1998.

Baldwin, R. G., Blackburn R. T.. The Academic Career as a Developmental Process. Journal of Higher Education, 1981 (52): 598 – 614.

Bogdan, R. and S. K. Biklen Qualitative Research for Education: An Introduction to Theories and Methods. Needham Heights: Allyn & Bacon, 2006.

Boyer, E. L.. Scholarship Reconsidered: Priorities of the Professoriate. Princeton: Carnegie Foundation for the Advancement of Teaching, 1990.

Brookes, M. and K. L. German. Meeting the Challenges: Developing Faculty Careers. ASHE – ERIC Higher Education Research Report No. 3, Washington D. C. : Addociation for the Study of Higher Education, 1983.

Byrne D. , US Universities in the 2010 QS World University Rankings [EB/OL] . (2010 – 09 – 21), http: //www. topuniversities. com/articles/country – guides/us – universities – 2010 – qs – world – university – rankings% C2% AE.

Calvert, M. A.. The Mechanical Engineer in America 1830 – 1910. Baltimore: The Johns Hopkins Press, 1967.

Carty, J. J.. The Relation of Pure Science to Industrial Research// Smithsonian Institution. Smithsonian Institution Annual Report (1916) . Washington DC: Government Printing Office, 1917.

Centra, J. A.. Reflective Faculty Evaluation: Enhancing Teaching and Determining Faculty Effectiveness. San Francisco: Jossey – Bass Inc. , 1993.

Clark, R.. Changing Faculty Demographic and the Need for New Policies// Clark R. and Ma Jennifer (eds) . Recruitment, Retention, and Retirement in Higher Education: Building and Managing the Faculty of the Future. Northhampton: Edward Elgar Publishing, 2005.

Cole, A. L. and K. J. Gary. Researching Teaching: Exploring Teachcer Development through Reflexive Iuquiry, Neehdam Heihgts: Alylnnad and Bacon, 1999.

Collins, J. W. III and N. P. O'Brien. The Greenwood dictionary of education. Westport Conn: Greenwood Press, 2003.

Committee on Public Understanding of Engineering Messages, National Academy of Engineering. Changing the Conversation: Messages for Improving Public Understanding of Engineering. Washington DC: The National Academies Press, 2008.

Crawley, E. , et al. Rethinking Engineering Education: The CDIO

Approach. New York: Springer, 2007.

Duderstadt, J. J.. Engineering for a Changing World: A Roadmap to the Future of Engineering Practice, Research and Education, the Millennium Project. http://milproj. dc. umich. edu/.

Ellis, W. A.. Norwich University, 1819 - 1911. Montpelier: The Capital City Press, 1911.

Enreberg, et al. Cornell Confronts the end of Mandatory Retirement. // Robert Clark, Brett Hammond (eds). To Retire or Not? Retirement Policy and Practice in Higher Education. Philadelphia: University of Pennsylvania Press, 2001.

Etzkowitz, H.. Entrepreneurial Scientists and Entrepreneurial Universities in American academic Science. Minerva 1983, 21 (2 - 3).

Fink, L. D., S. Ambrose and D. Wheeler. Becoming a Professional Engineering Educator: A New Role for a New Era. Journal of Engineering Education, 2005, 94 (1).

Fortenberry, N. L., et al. Engineering education research aids instruction. Science, 2007, 317 (5842).

Friedman, T. L.. The World is Flat: A Brief History of the Twenty - first Century. New York: Picador, 2006.

Gaff, J. G. and D. Simpson. Ronald Faculty Development in the United States. Innovative Higher Education, 1999, 18 (3).

Gaff, J. G.. Toward Faculty Renewal. San Francisco: Jossey - Bass, 1975.

Gary, McCulloch and David Crook (eds.). The Routledge International Encyclopedia of Education. New York: Routledge, 2008.

Gosink, J. P. and R. A. Streveler. Bring Adjunct Engineering Faculty into the Learning Community. Journal of Engineering Education, 2000 (1): 47 - 51.

Grayson, L. P.. The Making of an Engineer: An Illustrated History of Engineering Education in the United States and Canada. New York: John Wiley & Sons, Inc, 1993.

Grayson, L. P.. A Brief History of Engineering Education in the United States. IEEE Transactions on Aerospace and Electronic Systems, 1980, 16 (3).

Hammond, H. P.. Promotion of Engineering Education in the Past Forty Years. The Journal of Engineering Education, 1933, 24 (1).

Handschin, C. H. Academic and Industrial Efficiency//Science, New Series, Vol. 33, No. 858, June, 1911.

Harvard University Common Data Set 2008 – 2009 (2008 – 10 – 15). http://www. provost. harvard. edu/institutional_ research/Provost_ – _ CDS2008_ 2009_ Harvard_ for_ Web_ Clean. pdf.

Hoback, A. and U. Dutta. Faculty Experience. Journal of Engineering Education, July 1999.

Hommond, H. P.. Report of Committee on Aims and Scope of Engineering Education. SPEE, 1940.

Kerr, C.. The Uses of the University. Cambridge: Harvard University Press, 1963.

Kuh, G. D. , J. Kinzie, J. H. Shuh and W. J. Whitt. Student success in college: Creating conditions that matter. San Francisco, CA: Jossey – Bass. 2005.

Leatherman, C.. Faculty Unions Move to Organize Growing Ranks of Part-time Professors, The Chronicle of Higher Education, Feb. 2, 1998.

Mann, C. R.. A Study of Engineering Education. Boston: the Merrymount Press, 1918.

Mann, C. R.. The Effect of the War on Engineering Education. Society for the Promotion of Engineering Education, Vol. IX, No. 4,

December 1918.

Mathis, B. C.. Faculty Development, in Harold E. Mitzel （ ed. ）, Encyclopedia of Educational Research, New York: Free Press, 1988.

McGivern, J. G.. First Hundred Years of Engineering Education in the United States （1807 – 1907） . Spokane: Gonzaga University Press, 1960.

Menges, R. J. and B. C. Mathis. Key Resources on Teaching, Learning, Curriculum, and Faculty Development: A Guide to the Higher Education Literature. San Francisco, Jossey – Bass, 1988.

Meyers, C.. Restructuring Engineering Education: A Focus on Change. Arlington: Natianal Science Foundation, 1995.

Meyers, Carolyn, Restructuring Engineering Education: A Focus on Change, Report of an NSF Workshop on Engineering Education, Aug 16, 1995.

MIT Policies and Procedures: A Guide for Faculty and Staff Members （7. 5. 1 Sabbatical Leaves for the Faculty）, （2010 – 9 – 22）, http: // web. mit. edu/policies/7/7. 5. html.

MIT Reference Publications Office. MIT Financial Data, （2010 – 01） . http: //web. mit. edu/facts/financial. html.

Morse R.. World's Best Universities: Student – to – Faculty Ratio Methodology, （2010 – 02 – 25）, http: //www. usnews. com/articles/education/worlds – best – universities/2010/02/25/worlds – best – universities – student – to – faculty – ratio – methodology. html.

National Academy of Engineering. Changing the Conversation: Messages for Improving Public Understanding of Engineering. Washington DC: The National Academies Press, 2008.

National Academy of Engineering. The Engineer of 2020: Visions of engineering in the New Century. Washington, DC: the National Academies Press, 2004.

National Academy of Sciences. Educating the Engineer of 2020: Adapting Engineering Education to the New Century. Washington DC: The National Academies Press, 2005.

National Research Council. Rising above the Gathering Storm: Energizing and Employing America for a Brighter Future. Washington, DC: National Academies Press, 2007.

Noll, R. G.. Challenges to Research Universities. Washington D. C. : Brookings Institution Press, 1998.

Pritchett, H. S.. A Comprehensive Plan of Insurance and Annuities for College Teachers. New York: The Carnegie Foundation for the Advancement of Teaching, 1911.

Reis, R. M.. Tomorrow's Professor: Preparing for Academic Carrers in Science and Engineering. New York: IEEE Press, 1997.

Reznick, S.. Education for a Technological Society. Troy: Rensselaer Polytechnic Institute, 1968.

Seldin, P.. Changing Practices in Faculty Evaluation: A Critical Assessment and Recommendations for Improvement. San Francisco: Jossey – Bass, 1984.

Sheppard, S.. Preparation for the Professions Program: Engineering Education in the United States//National Academy of Sciences. Educating the Engineer of 2020: Adapting Engineering Education to the New Century. Washington DC: The National Academies Press, 2005.

Snyder, T. D. and S. A. Dillow. Digest of Education Statistics 2009. National Center for Education Statistics, 2010.

SPEE. Report and Progress on Special Committee on Aims and Scope of Engineering Curricula. The Journal of Engineering Education, 1940, 30 (5).

Stanford University Common Data Set 2009 – 2010, (2010 – 01), http：//ucomm. stanford. edu/cds/cds_ 2009. html.

The Carnegie Foundation for the Advancement of Teaching. Classification Description of Carnegie Classifications（2006 – 12）, http：// classifications. carnegiefoundation. org/descriptions/basic. php.

Toombs，W.. Faculty Development：The Institutional Side// R. G. Baldwin & R. T. Blackburn（Eds. ）. New Directions for Institutional Research：College Faculty：Versatile Human Resources in a Period of Constraint. San Francisco：Jossey – Bass, 1983.

United States Department of Labor. Occupational Outlook Handbook （2010 – 01）, http：//www. bls. gov/oco/ocos066. htm#nature

Wankat，P. C.. Educating Engineering Professors in Education. Journal of Engineering Education, 1999（10）.

Wickenden，W. E.. A Comparative Study of Engineering Education in U. S. and Europe. Lancaster：Lancaster Press, 1929.

Wickenden，W. E.. Report of the Investigation of Engineering Education. Pittsburgh：Society for the Promotion of Engineering Education, 1930.

Womack，K. C. ，L. R. Anderson，et al. A Teaching Workshop for Engineering Faculty，Journal of Engineering Education. 1994（10）：1 – 5.

Zaret，M. E.. An Historical Study of the Development of the American Society for Engineering Education，School of Education New York University, 1967.

图书在版编目（CIP）数据

工科教师的结构：以中美研究型大学为例／雷环，
王孙禺著．－－北京：社会科学文献出版社，2016.4
ISBN 978 – 7 – 5097 – 7571 – 4

Ⅰ.①工…　Ⅱ.①雷…②王…　Ⅲ.①工科（教育）
－高等教育－教师队伍－结构－对比研究－中国、美国
Ⅳ.①G645.1

中国版本图书馆 CIP 数据核字（2015）第 117731 号

工科教师的结构
—— 以中美研究型大学为例

著　　者／雷　环　王孙禺

出 版 人／谢寿光
项目统筹／宋月华　范　迎
责任编辑／范　迎

出　　版／社会科学文献出版社·人文分社（010）59367215
　　　　　地址：北京市北三环中路甲 29 号院华龙大厦　邮编：100029
　　　　　网址：www. ssap. com. cn
发　　行／市场营销中心（010）59367081　59367018
印　　装／北京季蜂印刷有限公司

规　　格／开　本：787mm × 1092mm　1/16
　　　　　印　张：13.5　字　数：194 千字
版　　次／2016 年 4 月第 1 版　2016 年 4 月第 1 次印刷
书　　号／ISBN 978 – 7 – 5097 – 7571 – 4
定　　价／69.00 元

本书如有印装质量问题，请与读者服务中心（010 – 59367028）联系